KB139448

삶을 위한 수업

행복한 나라 덴마크의 교사들은
어떻게 가르치는가

삶을 위한 수업

인터뷰·글 마르쿠스 베른센 Markus Bernsen   기획·편역 오연호

오마이
북

우리도 삶을 가르칠 수 있을까

"우리 둘이 해봅시다."

2017년 봄 어느 날, 나는 서울의 한 카페에서 덴마크 저널리스트 마르쿠스 베른센(Markus Bernsen)과 '합작'을 결정하는 악수를 나눴다. 그로부터 3년이 지나 드디어 《삶을 위한 수업》이 세상에 나왔다. 기쁘다.

외국인 저자와 공동 작업으로 단행본을 낸 것도, 한국 독자뿐 아니라 글로벌 독자를 대상으로 책을 기획한 것도 오랫동안 저자로 살아온 내 인생에서 처음으로 하는 시도였다. 우리는 3년간 쉼 없이 이메일을 주고받았고, 해마다 몇 번씩 서울과 코펜하겐(Copenhagen, 덴마크 수도)에서 만나 중간 점검을 했다. 나는 기획과 제작을 맡았고 베른센 기자는 인터뷰와 글쓰기를 맡았다. 우리는 한글판과 영어판을 동시에 만들기로 했다.

《삶을 위한 수업》은 덴마크의 '훌륭한 교사'들이 어떻게 가르치는가에 대해 다루고 있다. 영어, 수학, 과학, 사회, 민주주의, 세계시민, 댄스 등을 가르치는 교사 10명의 수업 철학과 수업 방식을 구체적인 사례를 들어 생생하고 깊이 있게 소개한다. 덴마크는 '행복지수 세계 1위의 나라'다. 이 책은 행복한 수업, 행복한 교실, 행복한 학교가 어떻게 행복한 사회, 행복한 나라를 만드는 데 기여하는지를 엿볼 수 있게 해준다.

나는 2013년 봄부터 덴마크 행복사회의 비밀을 지속적으로 탐구해왔다. 2020년 봄까지 7년 동안 23번이나 덴마크를 방문했다. 사람들은 나에게 묻는다. 덴마크가 그렇게 매력적이냐고. 나는 그때마다 답한다. 아직도 배울 것이 참 많다고. 고구마를 캐본 사람은 알 것이다. 하나를 캐려고 했는데 줄줄이 따라 나올 때의 그 희열을.

이 책은 나의 '덴마크 고구마 캐기'가 만들어낸 세 번째 책이다. 첫 책 《우리도 행복할 수 있을까》(2014년)가 덴마크 행복사회의 비밀을 파헤친 책이라면 후속작 《우리도 사랑할 수 있을까》(2018년)는 '그렇다면 우리는 무엇을 실천해야 하는가'를 담고 있다.

이 두 권의 책이 출간된 뒤 가장 뜨거운 반응은 교육계에서 나왔다. 덴마크를 가장 부러워하는 사람들은 교사, 학생, 학부모, 교육 당국자였다. 그들은 간파하고 있었다. 덴마크 행복사회의 출발과 뿌리가 행복한 수업, 행복한 교실, 행복한 학교에 있다는 것을. 교육을 바꾸지 않으면 사회를 바꿀 수 없다는 것을.

그들은 더 자세히 알고 싶어 했다. 책을 읽고 저자와 만나는 강연장에서도, '꿈틀비행기'를 타고 덴마크로 함께 떠나는 교육여행에서도 언제나 다수의 참가자는 교사, 학생, 학부모였는데 그들은 내게 이런 질문을 던졌다. "덴마크에도 경쟁이 있나요?" "덴마크에는 왕따가 없나요?" "시험은 어떻게 보나요?" "의욕을 잃고 엎드려 자는 학생은 없나요?" "학교 다니기 싫어하는 아이들은 어떻게 해야 하나요?" "선생님들은 수업 시간을 구체적으로 어떻게 운영하나요?" "강의와 토론의 배합은 어떻게 하나요?" "덴마크 선생님들은 지치지 않나요?" "선생님이 행복해야 아이들도 행복할 텐데, 덴마크 선생님들은 어떤가요?"

나는 매년 여름과 겨울방학에 여행 가이드가 되어 꿈틀비행기를 운영한다. 《우리도 행복할 수 있을까》, 《우리도 사랑할 수 있을까》 독자 30여 명과 함께 7박 9일간 떠나는 덴마크 교육여행의 주요 방문지는 학교다. 덴마크의 유치원, 초중등학교, 고등학교, 대학교, 에프터스콜레(Efterskole, 청소년용 인생학교), 호이스콜레(Højskole, 성인용 자유학교) 등 다양한 교육기관을 방문하는데 가장 인기가 많은 것은 단연 수업 참관이다. 특히 초중등학교와 고등학교 교실에서 덴마크 교사들이 어떻게 학생들과 수업하는지 참관할 때는 한국 방문자들의 눈이 유독 빛난다. '아하, 이렇게 다르구나. 덴마크 아이들은 유치원 다닐 때의 표정이 고3 때까지 유지된다는데 그 비결이 여기에 있구나.'

경력 30년이 다 되어가는 한 선생님은 덴마크 교실에서 수업 참관을 하고 나온 뒤 눈물을 펑펑 쏟았다. 그 이유를 물으니 "한편 감동스럽고 한편 분해서"라는 답이 돌아왔다. "우리도 이런 수업을 하고 싶고, 우리도 오래전부터 이미 알고 있는데, 우리는 왜 실천하지 못할까요? 그 생각을 하니 속상하고 분합니다."

나는 이 선생님처럼 안타깝고, 그래서 분하기까지 하다는 대한민국 교사를 많이 봐왔다. 그들은 물었다. "어디서부터 다시 시작해야 할까요?" 그리고 또 물었다. "그동안 우리가 이미 알고 있다고 생각했는데, 정말 그럴까요? 제대로 알고 있는 게 맞는 걸까요?"

그래서 이 책을 기획했다. 다시 제대로 시작하기 위해.

《삶을 위한 수업》은 단순히 교사의 수업방법론만을 이야기하는 책이 아니다. 수업에 참여하는 교사와 학생의 자세에 대해 근본적인 질문을 던지고 답하는 책이다. 왜 배워야 하는가? 왜 학교에 가야 하는가? 교사와 학생의 관계는 어떠해야 하는가? 그런 점에서 이 책은 수업방법론이자 수업철학론이다.

나는 베른센 기자가 영어로 정리한 덴마크 교사 인터뷰를 기획자의 관점에서 편역하는 동시에 이 교사들을 코펜하겐에서 직접 만나 추가 인터뷰를 진행했다. 그 과정에서 나는 적잖이 놀랐다. 가르치는 과목이 서로 다른데, 가르치는 아이들도 초등학생, 중학생, 고등학생으로 모두 다른데 기본적인 수업 철학이 어쩜 이렇게 닮아 있을까? 모두 '훌륭한 교사'로 선정되었거나 추천된 교사라서 그런 것일까? 내가 만난 덴마크 교사들은 모두 다음과 같은 11가지 수업 철학을 가지고 있었다.

1. 학생 이전에 인간이다. 공부 이전에 관계가 중요하다. 교사와 학생 사이에 인간적인 관계 형성이 중요하다. 친밀감과 신뢰감이 있어야 한다.

2. 수업 진도를 나가기 전에 '왜'를 묻는 시간이 충분해야 한다. 왜 우리는 교실에 앉아 있는가? 왜 영어와 수학과 과학을 공부해야 하는가?

3. 학생을 경쟁의 노예로 만들지 않는다. 좋은 경쟁을 유도한다. 나쁜 경쟁이 나만을 위한 것이라면 좋은 경쟁은 나와 우리 모두를 위한 것이다.

4. 상위 10퍼센트에 들지 않아도 괜찮다. 뒤처진 학생들도 끝까지 챙긴다. 학생 모두에게 크고 작은 성취감을 안겨주면서 주눅이 들지 않게 한다.

5. 학생 간의 배려와 협력을 중요하게 여긴다. 배움은 누군가와 대화를 나누고 누군가와 협력할 때 더 잘 이뤄진다고 믿는다. '말하기'보다 더 중요한 것은 '듣기'다.

6. 교실에서 교사와 학생이 권력을 분점한다. 교사의 자율권을 중요하게 여기는 만큼 학생의 자율권도 보장한다. 학생을 '젊은 어른'으로 대접한다. 비판 정신을 길러준다.

7. 학생들에게 스스로 선택하는 훈련을 끊임없이 시킨다. 자기 주

도적 인생을 살 수 있게 한다. 동시에 결과에 대한 책임을 감당하는 올바른 자세를 가르친다.

8. 시험을 위한 수업이 아니라 '삶을 위한 수업'을 지향한다. 실생활과 연관된 수업을 한다. 호기심이 최고의 교과서다. 교과서를 버리고 학생들의 질문에 더 주목해야 한다.

9. 인생은 통합적이다. 학교 수업도 그래야 한다. 그러려면 교사가 통합적으로 사고해야 한다. 정치와 음악, 영어와 과학을 통합적으로 가르칠 수 있어야 한다.

10. 교실은 입시 전쟁터가 아니라 '웰빙(well-being)'을 체험하는 생활공동체다. 학교와 교실은 집같이 편안해야 하고 왕따와 폭력이 없는 안전한 공간이어야 한다.

11. 학교는 민주주의를 '가르치는' 곳이 아니다. 민주주의를 '실천하는' 삶의 현장이 되어야 한다. 학교 운영에 대한 학생들의 참여가 보장되어야 한다.

30년 경력의 한국 교사가 덴마크 교실에서 눈물을 쏟으며 말했던 것처럼 11가지의 이 수업 철학은 이미 우리 교육 현장에서도 추구하는 내용들이다. 어느 교실에서는 잘 이뤄지고 있고 어느 교실에서는 더디 이뤄지고 있을 뿐이다.

그래서 이 책을 교사와 학생들이 함께 읽으면 좋겠다. 이미 잘 이뤄지고 있는 교실에서는 "우리가 옳았어. 이게 행복한 교실과 행복한 사회를 위한 길이야"라는 확신이 더 커지길 바란다. 그리고 그 좋은 기운이 옆 교실로 전파되면 좋겠다. 아직 더디 이뤄지고 있는 교실에서는 수업 방식과 수업 철학을 재점검하고 새롭게 출발하는 계기가 되면 좋겠다.

학부모들도 함께 읽으면 좋겠다. 사실 이 책에 등장하는 '교사'나 '선생님'이라는 단어를 전부 '학부모'로 바꿔 읽어도 무방하다. 10명의 덴마크 교사들이 학부모들에게 전하는 메시지는 매우 강력하며 유익하다. '삶을 위한 수업'은 학교와 가정이 연계되어야 더 효과가 크다. 학부모들이 11가지 수업 철학을 음미하고 '작은 학교'인 가정에서 실천해나가기를 바란다.

《삶을 위한 수업》은 베른센 기자가 영어로 쓰고 내가 우리말로 옮겼다. 대부분 그대로 번역했지만 어떤 대목은 한국 독자들의 이해를 돕기 위해 의역을 했다. 코펜하겐에서 내가 추가로 진행한 인터뷰 내용도 일부 반영했고, 덴마크 교육정책과 관련해 별도의 설명이 필요한 곳에는 각주를 달았다.

공동 작업을 해준 마르쿠스 베른센 기자에게 감사드린다. 무척 새로운 경험이었고, 이 책을 만드는 동안 '협력의 기쁨'을 체험했다. 그는 한국과 인연이 꽤 깊다. 한국에 대한 사랑도 진하다. 그는 세 아이를 한국에서 직접 키워본 아빠로서 한국의 교육이 좀 더 '삶을 위한 교육'으로 나아가기를 바라고 있다. 베른센 기자의 한국 사랑이야말로 이 책이 세상에 나오게 된 원동력이다. 인터뷰에 기꺼이 응해주고 멋진 영감과 조언을 나눠준 10명의 덴마크 교사들에게도 뜨거운 감사의 인사를 드린다.

마지막으로 오늘도 꿈틀거리고 있는 대한민국의 교사들에게 감사
드린다. 나는 그동안 전국에서 1160회 넘게 '행복 강연'을 하면서
'더 행복한 학생, 더 행복한 교실'을 위해 헌신적으로 일하고 있는
교사들을 많이 만났다. 우리 사회에 많은 문제가 있고, 우리 교육에
여러 가지 한계가 있다고 해도 그 속에서 지금 우리가 다시 희망을
이야기할 수 있는 것은 "오늘, 지금, 나부터 꿈틀거리겠다"면서 묵
묵히 실천하고 있는 교사들이 있기 때문이다. 그들이라고 어찌 지
치지 않겠는가? 그들이라고 어찌 외롭지 않겠는가? 나는 이 책《삶
을 위한 수업》이 그들의 손을 조용히 잡아주는 동지가 되길 바란다.
"우리는 같은 별을 바라보고 있어요."

2020년 봄
오연호

행복한 교육을 위하여

나는 한국에 오자마자 사랑에 빠졌다. 2014년 여름, 우리 가족은 덴마크를 떠나 서울로 왔다. 당시 큰아이 페테르(Peter)는 세 살이었고, 쌍둥이 레베카(Rebekka)와 야코브(Jakob)는 9개월이었다. 아내는 주한 덴마크 대사관에서 근무했고, 나는 북유럽 스칸디나비아(Scandinavia)에서 가장 큰 주간지 〈웨켄다비센(Weekendavisen)〉의 기자로 일하며 한반도 이슈를 취재했다.

서울에서의 삶은 매우 흥미로웠다. 서울은 코펜하겐과 많이 달랐다. 우리는 빠르고 에너지 넘치는 대도시 서울의 분위기가 좋았다. 우리가 만난 한국인들은 대체로 따뜻했고 아이들에게도 함박웃음을 지어주었다. 주말이면 우리 가족은 도심 밖으로 여행을 떠났고 아름다운 산야에 감탄했다. 나는 쌍둥이를 앞뒤로 안고 서울 인근의 산에 오르기도 했다.

우리는 서울에 오기 전에 이미 다른 나라에서 살아본 경험이 있다. 아내는 미국에서 공부했고 나는 홍콩에서 대학을 졸업했다. 또한 나는 기자로서 아시아의 여러 나라에서 일할 기회가 많았다. 그래서 나는 스스로를 새로운 문화와 환경에 빨리 적응할 수 있는 세계 시민이라고 생각했다. 덴마크에서 내가 어떤 가치와 믿음을 가지고 성장했든 나는 나 자신이 새로운 환경에 잘 적응하는 사람이라고 여겼다.

이런 내 생각이 잘못됐다는 사실을 깨닫는 데는 오랜 시간이 걸리지 않았다. 시작은 아이들을 유치원에 보내면서부터였다. 그 유치원이 마음에 들지 않아서가 아니다. 선생님은 매우 친절했고 아이들을 잘 돌봐주었다. 우리 아이들은 유치원에 잘 적응했고 한국 아이들과도 금방 친해졌다.

나는 덴마크와는 다른 한국의 교육 시스템을 목격했다. 한국의 유치원은 마치 학교 같았다. 아이들은 야외에서 노는 일이 거의 없었고 주로 교실에서 여러 과목을 공부하며 시간을 보냈다. 페테르는 아직 세 살인데 유치원에서 글자와 숫자를 배웠다.

유치원에서 중국어 선생님을 초청해 중국 노래를 배우기도 했는데 효과가 있었는지 페테르는 한국어와 중국어를 서서히 알아듣게 되었다. 그리고 집에서 간단한 수학 문제도 풀 수 있게 되었다. 내 눈에는 이 모든 것이 너무 과해 보였다.

나는 우리 아이들이 한국에서 유치원을 다니는 동안 무엇을 놓치고 있는지 생각하기 시작했다. 페테르, 레베카, 야코브가 덴마크에 있다면 거의 놀면서 하루를 보낼 것이다. 수학 공부도 하지 않고 글자도 배우지 않을 것이다. 외국어는 더더욱 안 배울 것이다. 대신 매일 유치원 건물 밖으로 나가 숲속이나 들판을 걸을 것이다. 덴마크의 많은 부모들은 아이를 숲유치원에 보낸다. 숲유치원에서는 사계절 내내 야외 활동을 한다. 아이들은 손에 흙을 묻히고 나무에 오르며 모닥불을 피운다. 한겨울에도 양모직으로 만든 모자에 부츠를 신고 온몸을 감싸는 두꺼운 옷을 입은 채 숲속을 거닌다. 마치 작은 펭귄들처럼 말이다.

덴마크를 포함한 북유럽 스칸디나비아 사람들은 아이들이 야외에서 노는 것을 어찌 보면 광적으로 좋아한다. 스칸디나비아 사람들은 야외 활동이 아이들의 성격 형성에 중요한 영향을 미치고, 왕성하게 자기 인생을 사는 데 보탬이 된다고 믿는다. 자연에서 놀 때 아이들은 상상력과 창의력을 발휘해야 한다. 스스로 놀이의 규칙을 만들어야 하고 자신의 역할도 파악해야 한다. 변화무쌍한 날씨를 경험하고, 사계절의 변화를 느끼고, 나무에 오르고, 진흙 속을 헤치면서 아이들은 감각을 기르고 세계를 탐험한다. 그러면서 육체적으로도 더욱 강한 자신감을 갖게 된다.

한국에서는 이런 경험들이 부족했다. 나는 서울에서의 삶이 좋았고 한국의 야망과 에너지가 좋았다. 그런데 서울에서 몇 년을 보내면서 나는 스칸디나비아의 문화와 시스템을 그리워하게 되었다.

나는 내 아이들이 '자기 스스로'의 속도로 자라기를 바랐다. 아이들에게 공부에 대한 부담을 주고 싶지 않았다. 새로운 것은 좀 더 자란 다음에 배워도 충분하지 않은가. 나는 내 안에 스칸디나비아 사람으로서의 뿌리가 아주 깊이 존재한다는 것을 느꼈다. 결국 나는 어디서든 잘 적응하는 실용적인 세계시민은 아니었던 셈이다.

내 아이의 문제가 되고 보니 더욱 강한 확신이 들었다. 나는 아이들이 더 많이 놀기를 바라고, 다른 아이들과 함께 놀면서 사회성을 기르길 바란다. 아이들이 스스로 몸을 움직이면서 밖에서 시간을 보내면 좋겠다. 나는 아이들에게 직업 시장이 원하는 기술을 배우라고 강요하고 싶지 않다. 잘해야 한다는 압박을 받지 않으며 어린 시절을 보내야 나중에 어른이 되어서도 행복하고 생산적인 삶을 살아갈 수 있다고 믿기 때문이다.

한국의 교육 시스템에 대해 알아갈수록 내 아이를 한국에서 키워야겠다는 생각은 점점 줄어들었다. 이 역설은 여전히 나를 혼란스럽게 한다. 한국은 매우 현대적이며 역동적인 사회다. 한국인들은 교육 수준이 높고, 한국 상품은 전 세계에 잘 알려져 있다. 스칸디나비아 나라들에도 케이팝(K-Pop) 가수의 팬들이 있으며 코펜하겐 극장에서 한국 영화가 상영되면 흥행을 기록한다. 무엇보다도 나는 내 한국인 친구들이 자기 자녀를 얼마나 사랑하며 그들의 성공을 얼마나 바라는지도 잘 안다.

그렇지만 한국의 교육 시스템은 뒷걸음질하는 것 같다. 한국의 교육은 공부를 잘하는 학생만을 위해 존재하는 것처럼 보인다. 공부를 잘하는 소수의 학생들만 좋은 교육을 받고 원하는 직장을 얻을 수 있는 기회를 가지며 나머지 다수는 뒤처진다. 결과적으로 보면, 이 뒤처진 다수는 인생의 젊은 시절 대부분을 실현 불가능한 기대를 달성하기 위해 노력하는 셈이다. 무언가를 달성하려고 노력하지만 그것은 언제나 그들의 능력 밖에 있다. 결국 지쳐 절망하거나 불행하다고 느끼게 된다.

나는 대학 입시를 앞둔 서울의 고등학생들을 인터뷰한 적이 있다. 그때 나는 잔뜩 지친 학생들의 모습에 충격을 받았다. 수능을 몇 주 앞둔 시기였는데 마치 몇 달간 잠을 못 잔 것처럼 보였다. 학원에 취재를 갔을 때는 당시 우리 아이들보다 불과 몇 살 더 많은 초등학생들이 수학과 영어 개별 과외를 하는 것을 보고 놀라기도 했다. 한국의 많은 아이들이 어린 시절을 이렇게 보낸다는 사실이 믿어지지 않았다.

나는 한국 학생들의 자살 문제를 취재해 〈웨켄다비센〉에 기사를 쓰기도 하고, 스트레스와 우울증, 컴퓨터 게임에 중독된 10대들을 치료하는 병원에 가보기도 했다. 이러한 문제들이 한국의 교육 시스템과 얼마나 연관이 있을까? 내가 인터뷰한 전문가와 선생님들은 모두 관련이 있다고 진단했다.

대안을 찾으려는 움직임도 있었다. 지나치게 경쟁적이고 너무나 목표 지향적인 교육 시스템에 저항감이 생긴다는 사람들을 만났다. 한국의 많은 교사들과 부모들이 다른 나라의 여러 사례를 참고하면서 함께 공부한다는 이야기도 들었다. 척박한 교육 현실에서 작은 변화라도 만들어내려는 노력이 꿈틀거리고 있었다.

오연호 오마이뉴스 대표 겸 사단법인 꿈틀리 이사장을 만나게 된 것도 이런 대안적인 움직임과 관련이 있다. 나는 오연호 이사장이 만든 '꿈틀리인생학교'를 방문했다. 덴마크의 인생설계학교 에프터스콜레를 모델로 한 이 학교는 오연호 이사장과 정승관 교장 선생님이 손잡고 만든 곳이다. 덴마크어 'Efterskole'가 적혀 있는 학교 건물을 서울 외곽에서 마주한 나는 큰 감명을 받았다. 가만히 선 채로 그 글자들을 한참이나 바라보았던 순간을 잊을 수가 없다.

꿈틀리인생학교는 중학교를 졸업했거나 고등학교 1학년 과정을 마친 아이들이 1년간 쉬었다 가면서 인생을 설계하는 학교다. 이 학교는 세 가지의 '괜찮아'를 표방하고 있다. '쉬었다 가도 괜찮아. 다른 길로 가도 괜찮아. 잘하지 않아도 괜찮아.'

나는 학생들을 만나 이야기를 나눴다. 꿈틀리인생학교 아이들은 지구 반대편에 있는 덴마크 에프터스콜레의 아이들처럼 '옆을 볼 자유'를 누리면서 충분히 걷고 몸을 움직이며 충전 중이었다. 어떤 학생은 좋은 성적을 받는 것보다 숨겨진 재능을 찾는 것이 더 중요하다고 했다. 또 어떤 학생은 지난 몇 년 동안 공부만 하느라 너무 지쳤다며 지금은 천천히 자기 자신을 되돌아보는 시간을 갖고 있다고 했다.

나는 〈웨켄다비센〉에 보도하기 위해 오연호 이사장을 수차례 인터뷰했다. 나와 오연호 이사장은 덴마크와 한국의 교육 시스템을 비교하며 수많은 의견을 나누었다. 한국인들이 스칸디나비아 나라에서 무엇을 발견하고 배울 것인가. 오연호 이사장은 한국의 많은 교사들이 배울 준비가 되어 있다고 알려주었다. 한국의 많은 교사들이 상위 10퍼센트 안에 들지 못하는 나머지 90퍼센트의 학생들에게 어떻게 동기 부여를 할 것인지 고민하며 방법을 찾고 있다고 했다. 한국의 부모들 역시 아이들이 상위 10퍼센트 안에 들지 못해 주눅이 들고 스트레스에 시달릴 때마다 안타까워한다고 했다. 그리고 아이들을 돕고 싶어 한다고 했다. 어디서부터 어떻게 해야 할까? 어떤 '다른 길'이 있을까?

이 책의 기획은 3년 전 오연호 이사장과 내가 서울의 한 카페에서 만나 이야기를 나누면서 시작되었다. 우리는 한국의 교사들에게 영감을 줄 수 있는 '덴마크 교사들의 경험'을 모아보기로 했다. 우리 모두에게 아주 의미 있는 일이 될 것 같았다. 우리는 '어떻게 하면 좋은 선생님 혹은 좋은 부모가 될 수 있는가'를 말하지 않고, '덴마크의 훌륭한 선생님들은 어떻게 가르치는가'를 있는 그대로 보여줌으로써 많은 사람들에게 실질적인 영감을 줄 수 있는 책을 만들기로 했다.

우리 가족은 3년간의 서울 생활을 마치고 2017년 덴마크로 돌아왔다. 나는 인터뷰를 위해 여러 선생님들을 만나기 시작했다. 이 책에 소개된 10명의 교사 중 상당수는 덴마크의 영향력 있는 일간지 〈폴리티켄(Politiken)〉이 매년 선정하는 '훌륭한 교사상' 수상자들이다. 이 권위 있는 상을 받으려면 학생, 학부모, 동료 교사의 추천이 있어야 하고 전문가로 구성된 심사위원단의 심사를 통과해야 한다. 나머지 교사들은 나와 오연호 이사장이 덴마크 교육계 인사들로부터 추천받은 분들이다. 더 많은 교사들을 만났지만, 이 책에서는 덴마크 교육 시스템의 주요하고 핵심적인 특징을 잘 전해줄 수 있는 다양한 분야에서 10명의 교사를 소개했다.

덴마크의 훌륭한 선생님들과 수차례 인터뷰를 하면서 정말 많은 것을 배웠다. 그들은 모두 자신의 일에 열정적이었고, 생각과 경험을 나누고 싶어 했다. 수학, 영어, 과학, 정치, 민주주의, 댄스, 세계시민 등을 어떻게 가르치는지, 공부할 의지를 잃은 아이에게 어떻게 동기를 부여하는지, 시험에는 어떻게 대비하는지, 학생들에게 자신감을 어떻게 심어주는지 등등 다양한 이야기를 나눌 수 있었다.

내가 만난 선생님들은 모두 덴마크의 교육 시스템에 주목할 만한 특별한 점이 있다고 했다. 덴마크 교사들은 학생들에게 왜 스스로 배워야 하는지를 알게 하고 창의성, 독립성, 세계시민의 자질을 갖추는 데 필요한 특별한 도움을 주고 있었다. 이는 덴마크가 전 세계를 대상으로 하는 행복지수 조사에서 늘 최상위권이라는 사실과도 관련이 있을 것이다.

덴마크 아이들은 수학 실력에서 세계 최고는 아니지만 수학을 배우려는 학습 의욕이 높고, 다른 나라 학생들에 비해 수학을 재미있어한다. 영어 회화 실력은 세계에서 가장 뛰어날 것이다. 덴마크가 아닌 다른 나라에서 공부하거나 일해보려는 의지와 능력 또한 탁월하다.

인터뷰를 마치고 이 책을 집필하는 동안 나는 덴마크 교육 시스템의 가치와 뿌리에 대해 더 깊이 생각하게 되었다. 그리고 덴마크를 포함한 스칸디나비아 나라들이 지구상의 다른 나라들과 어떤 점이 다른지도 더 분명하게 알 수 있었다.

이 책은 단순한 가이드북이 아니다. 어떻게 하면 성공적인 아이로 키울 것인가에 대한 지침서도 아니다. 덴마크 교사들의 생생한 경험과 고민, 구체적인 아이디어, 진심 어린 조언을 충실하게 담았을 뿐이다.

이 책을 준비하면서 내가 많이 배운 것처럼 독자들에게도 보탬이 되면 좋겠다. 우리의 관성을 돌아보고 또 다른 빛에 비추어 보는 기회가 되길 바란다. 이 책을 읽고 더 나은 삶을 위한 조그마한 변화라도 찾을 수 있다면 더 없이 기쁠 것이다.

2020년 봄

마르쿠스 베른센

차례

수학도
즐거울 수 있다

Math is fun

헤닝 아프셀리우스

Henning Afzelius

•

고등학교 뇌레 김나시움

Nørre Gymnasium

헤닝 아프셸리우스(Henning Afzelius)는 45세
이며 15년째 고등학교 교사로 일하고 있다.
코펜하겐대학교(Københavns Universitet)에서
천체물리학으로 석사 학위를 받았으며 현
재 코펜하겐에 있는 고등학교 뇌레 굼나시움
(Nørre Gymnasium)에서 수학, 물리학, 천문학
을 가르치고 있다. 학생들 사이에서 수학과
과학을 재미있고 실감나게 가르치는 선생님
으로 인기가 높다. 2014년 덴마크 언론사 폴
리티켄(Politiken)이 선정한 '훌륭한 교사상'
을 받았다.

헤닝 아프셀리우스(Henning Afzelius)는 어렸을 때 밤하늘을 올려다보는 것을 좋아했다. 밤하늘은 참으로 신비로웠고, 무수한 별들과 무한대의 우주는 경이로웠다. 그는 지구와 우주 탐험에 대한 책들을 열심히 읽었다. 1957년 인공위성 '스푸트니크 2호'를 타고 우주로 날아간 최초의 개 라이카(Laika)가 지구로 돌아오기 전에 죽었다는 사실을 알았을 땐 눈물을 흘렸다. 천문학을 좋아했던 어린 아프셀리우스는 부모님에게 이렇게 말할 정도였다. "나는 크면 로켓을 만들고, 밤하늘을 탐험하고 싶어요."

아프셀리우스는 대학에서 항공 분야의 엔지니어가 되기 위한 공부를 시작했다. 이 분야에서 전문성을 키워 나사(NASA, 미국항공우주국) 또는 그와 비슷한 우주 탐험 회사에 취직하고 싶었다. 공부도 곧잘 했다. 교수들의 칭찬을 받았고 학점도 우수했다.

하지만 인생은 계획대로 되지 않았다. 대학을 졸업하기 전에 여자친구가 임신을 했다. 둘 다 학생이었으니 먹고사는 문제가 만만치 않았다. 얼마 안 있어 둘째까지 생겼다. 더 이상 정부가 주는 학생보조금[1]으로는 가정을 꾸리기가 힘들었다. 한 사람이라도 본격적으로 벌어야 했다.

아프셀리우스는 대학을 그만두고 가족을 위해 닥치는 대로 일했다. 힘든 시기였다. 여자친구는 공부를 계속하고 있어서 그가 육아를 전담했다. 낮에는 일하고 밤에는 자다 깨다 하며 아이들을 돌보느라 하루가 어떻게 가는 줄 몰랐다. 아침이 제일 힘들었다. 잠을 설친 상태로 일어나 아침 식사를 준비하고, 아이들을 먹이고 입혀서 어린이집에 보내고, 늦지 않게 출근까지 하려니 무척 힘들었다.

그렇게 몇 년을 보내고 난 뒤 아프셀리우스는 다시 대학 공부를 시작할 용기를 냈다. 이번에는 그가 늘 열정적으로 배우고 싶었던 천체물리학을 전공으로 선택했다. 그 사이 여자친구는 교사가 되었다. 아프셀리우스는 여자친구가 근무하는 고등학교에서 파트타임 (시간제 근무) 보조교사[2]로 천문학을 가르치기 시작했다. 그 과정에서 그는 사명을 찾았다. 우주에 대한 사랑을 학생들과 나누고 싶다는 생각이 들었다.

아프셀리우스는 천체물리학으로 석사 학위를 딴 뒤 코펜하겐에 있는 고등학교 뇌레 큄나시움(Nørre Gymnasium)에서 풀타임 교사[3]로

---

1   덴마크의 국공립학교는 초중등학교부터 대학교까지 학비가 무료다. 덴마크의 모든 대학은 국공립이기 때문에 덴마크의 대학생들은 학비를 내지 않고 대학에 다닐 수 있다. 학비뿐만 아니라 학생보조금도 제공된다. 18세 이상의 학생이 부모와 떨어져서 살면 한 달에 100만 원 가량의 보조금을 받을 수 있다.

2   덴마크에서는 교사대학(우리나라의 교육대학, 사범대학)을 나오지 않아도, 교사 자격증이 없어도 파트타임 보조교사로 일할 수 있다. 보조교사 채용은 학교장이 면접을 통해 결정한다.

어디서부터 시작해야 할까요? 저는 수학 이야기
나 학교 이야기가 아니라 학교 밖 이야기에서 출
발해요. 아이들에게 일상생활에서 수학이 얼마나
중요한지를 설명하려고 노력합니다.

근무를 시작했다. 그는 이 학교에서 수학, 물리, 천문학을 가르쳤는데 학생들에게 인기가 많았다. 학생들은 언론사 폴리티켄(Politiken)에서 선정하는 '훌륭한 교사상'에 수년간 그를 추천했다.[4] 드디어 그는 2014년에 상을 받았다.

학생들은 왜 해마다 아프셀리우스를 '훌륭한 교사상'에 추천했을까? 학생들은 그가 수학이나 과학을 '재미있게' 가르친다고 이야기한다. 학생들의 이런 평가에 대해 그는 조금 다른 각도에서 설명한다. '재미있게'보다 '실감 나게'가 더 중요하다고.

"어떻게 하면 아이들의 실생활과 관련지어 수업을 하고 실감 나게 가르칠 수 있을지 늘 생각해요. 나는 수학, 물리, 천문학을 무척 좋아하지만, 많은 학생들은 이 과목들과 친숙해지는 것 자체를 힘들어할 수 있죠. 그래서 교사인 내가 가장 먼저 해야 할 일은 이 과목들이 우리 학생들의 삶에서 얼마나 중요한지 각인시

---

3 초중등학교에서 풀타임 교사(정교사)로 일하려면 우리나라의 교육대학과 같은 4년제 교사대학을 졸업해야 한다. 그리고 교사대학에서 최소 두 개 과목을 의무적으로 전공해야 한다. 초중등교사 임용시험은 따로 없고 개별 학교에서 면접을 통해 채용한다. 고등교사는 학사 이상의 학위를 가져야 하며 대학이 제공하는 1년간의 교육학 프로그램을 이수해야 한다. 고등교사의 경우에도 별도의 임용시험은 없으며 초중등학교처럼 개별 학교에서 면접을 통해 선발한다. 먼저 고등교사로 채용된 뒤 학생들을 가르치면서 대학이 제공하는 교육학 프로그램을 이수하는 교사들도 있다.

4 《폴리티켄》은 덴마크에서 가장 영향력이 있는 종합 일간지다. 1884년 창간됐으며 본사는 코펜하겐 시청 옆에 있다. 주독자층의 한 그룹이 교사들이며 '훌륭한 교사상' 선정은 폴리티켄의 주요 행사 중 하나다. 이 상은 '초중등학교 교사'와 '고등학교 교사' 두 분야로 수여된다.

켜주는 겁니다. 나는 이렇게 말해요. '여러분이 수학의 세계로 들어가지 않는다면 앞으로 살면서 누릴 수 있는 많은 경이로운 것들을 놓치게 될 거야!'"

아프셀리우스의 수업에는 전통이 하나 있다. 새 학기에 새 학생을 맞이할 때마다 첫 두 시간을 온전히 빼서 다 같이 이야기를 나누는 것이다. 주제는 이렇다. '우리는 지금 왜 여기에 앉아 있을까?'

"나는 학생들에게 질문을 던져요. '우리는 왜 여기에 있을까?' '왜 수학과 물리와 천문학을 배워야 할까?' 간단한 질문이지만 답하기는 쉽지 않죠. 나는 교실의 모든 학생에게 이 질문을 하고 그들의 답을 매우 집중해서 들어요. 한 마디 한 마디 속에서 학생들의 말하기 기술과 수업 참여 의지가 어느 정도인지를 간파해낼 수 있기 때문이죠.

일부 학생들은 왜 수학을 배워야 하는지 정확히 알고 있어요. 그 아이들은 이미 수학을 좋아하고, 대학에 가려면 수학 공부를 해야 한다는 것도 잘 알고 있죠. 이런 학생들은 교사인 내가 걱정하지 않아도 됩니다. 내 수업을 잘 따라올 것이고, 사실 내가 없어도 잘할 수 있는 아이들이죠. 나는 이 아이들을 어느 정도로 견인해줄 것인지 그 강도만 정하면 됩니다.

두 번째 그룹은 수학에 특별한 관심은 없지만 수학 공부의 필요성은 인정하는 학생들이에요. 이 아이들은 대학에 가기 위해서라도 또 나중에 괜찮은 직업을 갖기 위해서라도 기본적인 수학 공부는 해야 한다고 생각하죠. 그래서 수업에도 어느 정도 집중해요. 이 아이들에게는 동기 부여가 좀 더 필요하지만 수업을 진행하는 데는 큰 문제가 없습니다."

문제는 세 번째 그룹이다. 이 학생들은 수업 시간표에 따라 수학 시간이니까 그냥 자리에 앉아 있을 뿐이다. 스스로 필요해서 배우려는 것이 아니라 누군가가 해야 한다고 하니까 교실에 남아 있는 것이다. 자기 주도성이 거의 없다고 봐야 한다. 대체로 이런 학생들은 수학에 흥미가 없고 잘하지 못한다.

"불행히도 매 학년마다 수학에 흥미를 잃어버린 학생들이 꼭 몇 명씩 있어요. 교사는 이런 아이들에게 매우 특별한 관심을 기울여야 합니다. 어디서부터 시작해야 할까요? 저는 수학 이야기나 학교 이야기가 아니라 학교 밖 이야기에서 출발해요. 아이들이 학교 밖에서 어떤 일에 관심을 가지는지, 고등학교를 졸업하고 무엇을 하고 싶은지 등을 파악해야 합니다.

이들 중에는 대학에 가고 싶어 하는 아이들도 있어요. 이 아이들에게는 '대학에 가려면 기본적인 수학은 꼭 배워야 한다'고 말해줍니다. 물론 고등학교 졸업 후에 무엇을 할 것인지에 대한 계획이나 목표가 없는 학생들도 있어요. 당연히 미래 직업, 미래 사회에 수학이 얼마나 중요한지 설명해줘도 잘 이해하지 못하죠. 그래서 저는 이런 아이들에게 일상생활에서 수학이 얼마나 중요한지를 설명하려고 노력합니다. 이 아이들에게는 눈에 잡히는 이유가 필요하니까요. 실감이 나게 해야죠. 왜 수학을 배워야 하고, 그 배움이 왜 중요한지를 지금, 바로, 여기에서 이해할 수 있게 설명해줘야 합니다."

아프셀리우스는 학기 초에 교과 진도를 나가지 않는다. 어떤 숙제도 내지 않는다. 우리가 왜 지금 여기에 앉아 있는지, 왜 수학을 배워야 하는지에 대해서 교실의 모든 학생들이 저마다 충분한 이유를 갖기 전까지는 수학을 가르치지 않는다. 만약 학생들이 '남들이 중요하다고 하니까, 배워야 한다고 하니까…' 하는 마음으로 수업에 참여한다면 교사가 어떤 이야기를 해도 소용이 없다. 그렇기 때문에 아프셀리우스는 무엇보다 학생들의 흥미 유발에 힘을 쏟는다.

"학생들에게 융자와 이자에 대한 이야기를 꺼내요. 덴마크뿐 아니라 여러 나라의 젊은이들이 높은 이율의 비싼 이자를 내고 은행에서 돈을 빌리는데, 그것이 초래하는 결과는 잘 모를 수 있잖아요. 나는 이 문제를 설명하기 위해 모든 학생이 눈으로 쉽게 확인할 수 있는 방법을 써요. 우선 A4 크기의 종이 한 장을 학생들에게 들어 보이면서 이렇게 물어요. '이 종이를 몇 번이나 접어야 1미터 높이가 될까?' 그러면 학생들이 여기저기서 '100번이요' '1000번이요' 등등 다양한 답을 해요. 내가 이런 질

교사와 학생의 거리가 너무 멀다고 느껴지면 학
생들은 교실에서 말하는 것 자체를 두려워해요.
도전 정신을 잃고 안정만 추구하게 됩니다. 그런
방식으로는 호기심과 동기를 유지할 수 없어요.

문을 하면 학생들은 누구나 쉽게 대화에 참여해요. 비록 사소한 일이지만 '나도 할 수 있다'는 체험을 하는 거죠. 그런데 사실 그 종이는 14번까지 접으면 더 이상 접을 수가 없어요. 나의 첫 질문은 일종의 난센스 퀴즈인 셈인데 학생들을 주목시키는 효과가 있죠."

접기 전 최초의 종이는 은행에서 빌린 원금이다. 시간이 지나면서 이 원금에 이자가 얼마나 붙는지, 갚아야 할 돈이 점점 얼마나 불어나는지를 보여주기 위해 다른 종이 묶음들을 가져와 그 위에 올린다. 학생들은 쌓여가는 종이 높이를 보면서 융자를 받을 때 매우 신중해야 한다는 사실을 알게 된다.

일상생활에 필요한 것들을 눈에 보이는 사례로 쉽게 설명하면, 수학을 힘들어하는 학생도 일단 교실에서 소외감을 느끼지 않고 함께할 수 있다. 그러면서 수업에 집중해야 할 필요성을 스스로 느끼게 된다. '수학을 공부하면 일상생활에 보탬이 된다'는 생각을 갖게 되는 것이다. 그러면 교사는 학생들을 주목시킬 수 있고 학생들은 즐겁게 배울 수 있다.

"사소한 일이라도 아이들이 교실 안에서 긍정적인 경험을 하는 것, 그 과정에서 성취감을 느끼는 것. 이 두 가지는 내가 교사로서 아이들의 동기 부여를 위해 목표하는 지점입니다. 학생들이 거울 속 자신을 보며 이렇게 말할 수 있다면 얼마나 좋을까요? '예전에는 내가 할 수 없었는데, 이제는 할 수 있어!' 우리 아이들은 이런 좋은 경험으로 한 학기를 시작해야 합니다. 이것은 교사로서 가장 어려운 일이지만 해내야 하는 일이죠."

아프셀리우스에게는 분명한 목표가 있다. 수학을 이미 잘하는 학생뿐 아니라 힘들어하는 학생들도 학기말 시험[5]에 모두 통과할 수 있도록 하는 것이다.

다른 덴마크 선생님들도 공감하겠지만 아프셀리우스가 가장 중요하게 여기는 것은 동기 부여다. 덴마크의 고등학교도 수업 내용이 만만치 않다. 초중등 과정에 비해 배울 과목도 많고 수업 시간도 늘어난다. 어떤 학생들은 준비물도 척척 잘 챙기는 등 배울 준비가 되어 있지만 어떤 학생들은 학기 내내 집중하지 못한다. 덴마크 아이들은 초중등학교[6]를 졸업하고 90퍼센트 정도가 고등학교에 진학하는데 여전히 수학과 물리를 싫어하는 아이들이 적지 않다.

아프셀리우스는 학생들이 교실에서 어떤 방식으로든 참여하길 원한다. 아이들이 호기심을 가지고 적극적으로 수업에 참여하고 어떤

---

5   덴마크의 교실에서 이뤄지는 시험과 평가 방법에는 크게 두 종류가 있다. 첫째, 개별 학교의 교사가 학생들이 수업 내용을 잘 따라오고 있는지 점검하기 위해 여러 가지 방법으로 진행하는 '간단하고 임의적인 평가'가 있다. 둘째, 중앙의 교육부가 전국 학생들을 대상으로 공통 교육목표가 잘 달성되고 있는지를 점검하는 시험이 있다. 이 시험은 주로 학기 말에 시간을 정해 동일한 문제로 치르는 일종의 '일제고사'다.

6   덴마크의 학제는 우리와 다르게 초등학교와 중학교가 통합되어 있다. 그래서 한 학교에 1학년부터 9학년까지 함께 다닌다. 이 책에서는 초중등학교로 표기했다.

질문이든 자유롭게 하길 바란다. 그러려면 교사가 어떻게 해야 할까? 가장 먼저 학생들에 대한 친밀도를 높여야 한다. 교사와 학생들 사이의 장벽을 허물어야 한다. 덴마크의 많은 교사들이 이 부분을 노력하고 시도하지만 항상 성공하는 것은 아니다.

아프셀리우스가 가르치는 수학, 물리, 천문학은 다른 과목들보다 교사의 권위가 클 수밖에 없다. 특히 정답이 분명하게 정해져 있는 수학 과목은 더 그럴 수 있다. 그래서 수학을 가르칠 때는 교사와 학생 사이의 장벽을 허물고 친밀감을 형성하는 것이 더욱 중요하다. 친근감 형성은 어떻게 할 수 있을까? 아프셀리우스는 교실에서 교사의 권력이 일방으로 흐르는 것을 경계한다. 교사의 권력은 교실에서 시험을 보고 숙제를 낼 때 극대화될 수 있는데 그는 이 과정을 특히 조심한다. 학생도 교사만큼 권력이 있다는 생각을 가져야 한다. 그렇게 하려면 지켜야 할 것이 학생에게만 있는 게 아니라 선생님에게도 있다는 것을 직접 보여줘야 한다. 예를 들어 학생들에게 언제까지 숙제를 제출하라고 요구하면서 선생님도 언제까지 그 숙제를 채점하겠다고 약속하는 것이다.

"학생들에게 숙제를 내주면서 언제까지 제출하라고 말하는 그 자체만으로 교사인 내게 큰 권력이 생겨요. 학생들이 제때 숙제를 안 하면 나쁜 점수를 받고, 그 과목을 통과하지 못하게 되니까요. 학생들은 이런 상황을 너무나 잘 알고 있기 때문에 우리 관계에도 영향을 미칩니다. 나는 아이들에게 지시를 내리는 권력자가 되는 거죠. 나는 이런 관계가 굳어지는 것을 피하고 싶어요. 그래서 학생들이 숙제를 가져오면 정확히 언제까지 채점을 해서 되돌려줄 것이라고 분명하게 말해요. 이렇게 함으로써 교사인 내게 쏠리는 권력을 학생들에게 돌려주고 나눠줍니다. 내가 약속한 시간까지 채점을 하지 않으면 나는 학생들에게 빚을 지는 셈이죠."

아프셀리우스는 교실에서 이렇게 학생들과 권력을 나눔으로써 보다 평등한 관계를 형성할 수 있다고 말한다. 그는 학생들이 교사를 바라볼 때 '항상 우리에게 할 일을 주고 시키는 사람'이라고 생각하지 않기를 바란다. "저 선생님은 자기가 해야 할 일은 안 하면서 우리가 해야 할 일만 시킨다." 학생들이 이런 인식을 갖게 되면 선생님에 대한 믿음과 친근감을 잃어버릴 것이고 수업에 참여할 마음이 들지 않을 것이기 때문이다. 이런 학급 분위기가 형성되면 최악이다.

"만약 학생들이 '우리 교실의 모든 권력은 선생님에게만 있어'라고 느낀다면, 학생들은 자신의 참여가 어떤 의미인지 의문을 품게 됩니다. 학생들이 어떤 의견을 말해도 항상 교사가 최종 결정을 한다면, 학생들은 교실에서 일어나는 일에 자신이 어떠한 영향도 미칠 수 없다고 생각하겠죠. 이런 경험은 뭔가를 하고자 하는 동기를 죽입니다. 교사와 학생의 거리가 너무 멀다고 느껴지면 학생들은 교실에서 말하는 것 자체를 두려워해요. 입을 다무는 거죠. 나의 답이 옳다고 100퍼센트 확신하기 전에는 입을 열지 않게 됩니다.

이런 상황이야말로 교사인 제가 어떻게든 피하고 싶은 상황입니다. 정말 최악의 상황이거든요. 왜냐하면 이런 환경에서는 학생들이 새로운 탐험을 주저하고, 실수하는 것을 두려워하기 때문입니다. 도전 정신을 잃고 단지 안정만 추구하게 됩니다. 그것은 배움이 아닙니다. 그런 방식으로는 호기심과 동기를 유지할 수 없어요."

선생님과 학생 사이에 평등을 강조하는 문화는 덴마크뿐 아니라 스칸디나비아의 다른 나라들[7]에도 확산되고 있다. 그 이유는 북유럽 나라들에 평등주의가 뿌리내려 있기 때문인데, 그렇다고 해서 덴마크의 모든 선생님이 이를 문화로 여기며 실천하는 것은 아니다. 아프셀리우스는 처음 교사 생활을 시작했을 때 경력이 꽤 많은 한 선배 교사로부터 이런 조언을 들었다. "어떤 상황이라도 교사가 학생 앞에서 실수를 인정하면 안 됩니다. 그러면 권위를 잃어요." 아프셀리우스는 선배 교사가 했던 그 말이 그동안 자기가 들어온 조언 가

---

7   북유럽의 스칸디나비아반도와 그 주변에 있는 나라를 말한다. 전통적으로는 덴마크와 노르웨이, 스웨덴을 일컫는 말이었으나 이 책에서는 핀란드까지 포함하는 개념으로 사용한다. 이 네 나라는 오랫동안 서로 영향을 주고받아 교육철학과 사회복지 등에서 매우 비슷하다. 국기 모양도 비슷하다. 똑같이 십자가가 그려진 네 나라의 국기는 색깔만 다를 뿐 같은 모양이다.

운데 최악이었다고 기억한다. 그는 교사도 학생 앞에서 실수할 수
있는 존재임을 보여줘야 한다고 믿기 때문이다.

"나는 교실에서 많은 실수를 하지만 우리 학생들이 그 실수를
바로잡아줄 때마다 기뻐요. 왜냐하면 학생들이 그 주제에 대해
잘 알고 있다는 의미이고, 자기 생각을 말하는 데 두려움이 없
다는 뜻이니까요. 나는 내 말을 주의 깊게 들어주는 학생을 원
해요. 또 자신의 의견을 당당하게 말하는 학생을 원하죠. 직장
에서도 바로 그런 동료, 그런 경영진을 원하지 않을까요?
수업을 하다 보면 학생들이 내 실수를 지적해줄 때가 있어요.
나는 수학과 물리를 잘하지만 칠판에 필기할 때 철자를 틀리는
일이 종종 있거든요. 어떤 학생이 내 실수를 지적하면 나는 아
이들과 같은 수준이 됩니다. 평가하는 사람과 평가받는 사람의
거리가 좁혀지죠. 그 거리 좁히기는 수학 같은 과목에서 매우
필요합니다. 학생들에게 학습 동기를 부여하는 데 효과적이고
정말 중요하죠."

학생들이 만우절에 선생님을 놀리는 것은 덴마크에서도 오랜 전통
이다. 어느 해 만우절에는 아프셀리우스가 교실에 들어가니 학생
한 명만 자리에 앉아 있었다. 수업 종은 이미 울린 뒤였다. 아프셀
리우스는 무슨 일인가 싶어 어리둥절한데 자리에 앉아 있는 학생은
아무 일 없다는 듯 가만히 그를 바라봤다. 그리고 잠시 후 복도 어딘

교사로서 우리는 학생이 틀린 답을 썼을 때 무엇
이 옳은 답인지 말해줘야 해요. 그렇지만 그 일을
시도했다는 자체만으로도 칭찬해줘야 합니다.

가에 숨어 있던 한 무리의 학생들이 웃음소리와 함께 함성을 지르며 교실로 몰려들어왔다.

"나는 그날 만우절 장난을 당하면서 무척 행복했어요. 학생들과 내가 허물없는 관계라는 걸 느꼈기 때문이죠. 아이들이 나에게 농담을 건네고 장난을 칠 수 있다는 것은 수학과 물리에 대해서도 내게 이야기할 수 있다는 뜻이죠. 이런 관계가 축적되다 보면 공부도 열심히 할 수 있어요. 어떤 학생은 선생님의 기분을 뿌듯하게 해주고 싶어서 시험을 잘 봐야겠다고 말하기도 해요. 시험을 열심히 준비하는 이유가 자신이나 부모님을 위해서뿐만 아니라 선생님의 노력에 보답하고 싶은 마음까지 더해진 것이라면 선생님과 학생의 관계가 상당히 끈끈해졌다고 볼 수 있죠."

뇌레 귐나시움에서는 학생들이 수학이나 과학 수업을 들을 때 자기 수준에 맞는 반을 선택할 수 있다. 학생들은 상급반과 하급반을 스스로 선택하는데 그러다 보면 하급반에는 학습 의욕이 적은 아이들이 몰리게 마련이다. 아프셀리우스는 최근 몇 년간 주로 하급반을 맡아서 수업하고 있다. 오랫동안 아프셀리우스를 지켜본 교장 선생님이 그가 수학과 물리를 어려워하는 학생들에게 동기를 부여하는 능력이 뛰어나다고 판단해 특별히 부탁한 것이다. 그 반에는 졸업이 다가올 때까지 수학에 흥미를 느끼지 못하는 학생도 있다. 이런

학생에게는 어떻게 해야 할까?

"수학과 물리에는 언제나 정답과 오답이 있죠. 수학을 못하는 학생이라면 그동안 계속해서 '너의 답은 틀렸어'라는 말을 들었을 거예요. 이 말을 몇 년간 반복해서 듣다 보면 결국 자기 예언처럼 되어버려요. 틀렸다는 판정을 계속 받다 보면 결국 스스로에 대한 자신감을 잃게 되죠.

우리 학교 학생들 중 일부는 이미 초중등학교에서 9년 동안 '너는 수학을 못해'라는 말을 계속 들어왔어요. 한국에도 '수포자(수학을 포기한 사람)'라는 말이 따로 있듯이 다른 과목에는 수학 같은 장벽이 존재하지 않아요. 나는 역사나 문학에 대해 '저는 아무것도 몰라요!' 이렇게 말하는 학생을 만난 적이 없어요. 그런데 '저는 수학에 대해 아무것도 몰라요. 수포자예요!' 이렇게 말하는 학생은 많이 만나봤죠. 그 아이들은 그동안 많은 시험을 보고 그때마다 낮은 점수를 받으면서 모든 동기를 잃어버린 겁니다. 물론 교사로서 우리는 학생이 틀린 답을 썼을 때 무엇이 옳은 답인지 말해줘야 해요. 그렇지만 그 일을 시도했다는 자체만으로도 칭찬해줘야 합니다.

나는 우리 학생들이 발표를 할 때마다 칭찬하고 축하해줘요. 수학을 어려워하는 학생이 반 친구들 모두가 보는 앞에서 발표를 한다는 것 자체가 얼마나 힘든 일인지 충분히 짐작할 수 있기 때문이죠."

아프셀리우스는 자신감이 부족한 학생들에게 한 걸음이라도 앞으로 나아가는 경험을 주는 것이 필요하다고 생각한다. 그래서 수학을 힘들어하는 고등학교 학생에게 초등학교 수준의 과제를 내주기도 한다. 아주 쉬운 문제라도 정답을 써보는 경험이 쌓이면 다음 걸음을 내딛을 수 있다.

아프셀리우스의 교실에는 정반대의 학생들도 있다. 자신감이 충만한 것을 넘어 성취욕이 지나치게 높은 학생들이다. 이런 학생들 중에는 자기 스스로를 필요 이상으로 압박하는 경우도 있다.

"어떤 학생은 아주 좋은 점수를 받았는데도 계속 자신을 압박해요. 나는 그런 학생에게는 한걸음 뒤로 물러서볼 것을 권합니다. 그가 수학에서, 물리에서 최고가 되고 싶은 심정은 충분히 알죠. 그러나 '그 정도로도 충분하다'고 말해주는 것이 교사의 역할입니다. 공부를 열심히 하는 법도 배워야 하지만 '이 정도면 충분하다'고 만족할 줄 아는 법도 배워야 해요. 자기가 이룬 것에 대해 성취감을 느끼고 행복해하는 법을 아는 것은 매우 중요합니다."

아프셀리우스의 이런 생각은 본인의 경험에서 나온 것이다.

"대학에서 천체물리학을 배울 때 교수님이 내준 과제를 열심히 해서 최고 점수를 받았죠. 나는 그런 내가 정말 자랑스러웠어

사소한 일이라도 아이들이 교실 안에서 긍정적
인 경험을 하는 것, 그 과정에서 성취감을 느끼는
것. 이 두 가지는 내가 교사로서 아이들의 동기
부여를 위해 목표하는 지점입니다.

요. 그런데 교수님이 나에게 그 숙제를 하기 위해 얼마나 많은 시간을 투자했는지 묻더군요. 그때 깨달았어요. '공부를 한다는 것은 단지 좋은 점수를 받기 위해 노력하는 일이 아니구나. 언제 그만둬야 하는지를 아는 것도 공부의 중요한 부분이구나.' 세상을 살다 보면 어떤 일에 어느 정도의 시간이 필요한지 그 적정선을 찾아야 할 때가 있습니다. 공부도 마찬가지예요. 쉽지 않은 일이죠. 학생들도 어떤 우선순위에 따라 자신의 시간을 배분해야 하는지를 배워야 합니다. 그래서 나는 우리 반의 우수한 학생들이 더 어려운 숙제를 내달라고 말할 때 이렇게 답해요. '너는 이미 해냈어. 축하해. 정말 훌륭하게 잘해냈으니 이제 그만해도 된단다!'"

아프셀리우스는 교사로서 언제가 가장 행복하냐는 질문에 "우리 학생들이 뭔가를 배우고 있음을 느낄 때, 그래서 그들이 한 걸음 더 나아가는 것을 느낄 때"라고 말했다. 그런 순간이 누적되면 교사가 행복해지고, 학생들은 교사의 그런 행복한 에너지를 받아들이면서 더 배우고 싶어진다는 것이다.

"이것이 바로 행복 서클이죠."

교실에서 이뤄지는 행복한 기운의 선순환. 그래서인지 그의 얼굴 표정은 '나 지금 즐기고 있음'이라고 말하는 듯했다.

헤닝 아프셀리우스가
교사에게 건네는 조언

1. 선생님이 되려면 가르치는 것을 좋아해야 한다. 수학이 좋아서 수학 교사가 되었다면 학생들은 이를 알아챌 것이고 더 좋은 관계를 만들어 갈 수 있다. 부모 역시 마찬가지다. 부모가 어떤 일을 열정적으로 하는 모습을 보이면 자녀들도 자신이 좋아하는 것을 찾아서 열심히 할 것이다.

2. 가능할 때까지 그런 척이라도 하자. 가르칠 의지가 충분하지 않을 때라도 학생들에게 티내지 말고 흥미 있는 척 가르치자. 그렇게라도 노력하는 선생님을 보면 학생들도 무언가를 느끼게 될 것이고, 당신에게 보답을 해줄 것이다.

3. 모든 학생은 학교를 마치고 집으로 돌아갈 때 이런 기분이 들어야 한다. "오늘 학교에서 좋은 경험을 했어." 공부가 힘든 학생에게는 쉬운 숙제를 내주자. 만약 그것도 힘들어하면 더 쉬운 숙제를 내주자. 모든 학생에게 단 한 가지라도 성취감을 느끼게 해주자.

시험과 점수가 중요할까?

Grades don't work

헬레 호우키에르
Helle Houkjær

•

초중등학교 크로고르스콜렌
Krogårdsskolen

헬레 호우키에르(Helle Houkjær)는 54세이
며 32년째 교사로 일하고 있다. 현재 코펜하
겐 남쪽에 있는 초중등학교 크로고르스콜렌
(Krogårdsskolen)에서 7, 8, 9학년 학생들에게
과학과 수학을 가르치고 있다. 과학 수업 프
로젝트와 우수한 교재 개발로 몇 차례 수상
한 경력이 있으며 2018년 덴마크 언론사 폴
리티켄이 선정한 '훌륭한 교사상'을 받았다.

북유럽 스칸디나비아 나라의 학교들은 시험을 중요하게 여기지 않는다. 덴마크의 학생들은 8학년(우리나라 중학교 2학년)이 될 때까지 시험 점수를 개별적으로 받지 않는다. 교사들은 다양한 방법으로 학생들이 제대로 배우고 있는지를 확인하지만 이를 점수화하거나 등급을 매기지는 않는다. 주로 대화를 통해 피드백을 준다.

다른 나라들과 달리 덴마크에서는 시험을 자주 보지 않는다. 8학년이 되어서야 시험다운 시험을 처음 치르는데 국어, 영어, 수학 중 두 과목을 선택해서 필기시험을 본다. 9학년이 되면 이런 시험을 학기 중에 두 번 치른다. 특히 9학년 말에 보는 기말고사는 고등학교 입학을 위한 종합졸업고사다. 전국적으로 치러지는 이 시험은 7개 과목을 대상으로 한다. 이중 공통과목은 5개인데, 국어 구술, 국어 필기, 수학 필기, 영어 구술, 과학 구술이다. 나머지 두 과목은 역사, 사회, 체육, 음악, 미술 등 다양한 과목 가운데서 추첨으로 정해진다. 이 두 과목의 시험을 구술로 할 것인지, 필기로 할 것인지도 추첨으로 결정된다. 추첨은 개인이나 학교가 하는 것이 아니라 중앙의 교육 당국에 의해 임의로 이뤄진다.

종합졸업고사 점수가 학생들의 고등학교 진학의 당락을 결정하지는 않는다. 학교는 이 졸업고사 점수와 다른 여러 교내 활동을 종합해 고등학교에 진학할 만한 학습 능력을 갖췄는지 평가하고 기록으로 남기지만 그것도 참고 자료일 뿐이다. 본인이 원하면 대부분 고등학교에 진학한다.

덴마크 교사들 중에도 더 많은 시험이 필요하다고 주장하는 사람이 있지만 대부분은 8학년이 될 때까지 시험을 보지 않고 점수를 매기지 않는 지금의 방식을 긍정적으로 보고 있다. 헬레 호우키에르(Helle Houkjær)도 그중 한 명이다. 과학과 수학을 30년 넘게 가르쳐 온 그는 이런 확신을 가지고 있다.

"전국적으로 일제히 치러지는 시험의 출제자들은 외부 교육기관 사람들이죠. 그들은 학생들을 개인적으로 모릅니다. 그들이 낸 시험문제로 학생들의 지식을 평가하는 것은 바람직하지 않습니다. 그런 방식이 아니어도 학생들의 지식을 평가할 수 있는 더 좋은 방법은 얼마든지 있으니까요."

많은 덴마크 교사들은 국가에서 주도하는 이른바 '일제고사'가 개별 교사들이 누려야 할 자유와 독립적인 권한을 해친다고 보고 있다. 호우키에르는 "나 역시 점수를 매기는 방식을 좋아하지 않는다"고 말한다.

'시험을 위한 공부'가 되면 안 됩니다. 무엇을 어떻게 가르칠 것인가를 시험이 좌우하게 되면, 교사는 물론이고 학생들에게도 제대로 된 학습 동기를 부여할 수 없습니다.

"나는 우리 학생들에게 항상 이렇게 말해요. '점수는 그렇게 중요하지 않아요. 가장 중요한 것은 내가 지금보다 한 단계 더 나아지도록 노력하는 일이죠. 내가 할 수 있는 최선을 다하면 됩니다.' 나는 모든 종류의 평가와 시험에 반대하지는 않습니다. 어떤 시험은 유용할 수도 있어요. 학생들 개개인의 학습 단계나 실력을 측정하는 것 자체는 나쁘지 않습니다.

나는 특별히 그룹 시험을 선호합니다. 학생들이 그룹별로 토론을 해서 함께 답을 찾아가는 방법이죠. 학생들이 어떤 주제에 대해 과학적인 조사를 한 뒤 그 결과를 발표하는 방식으로 과학 시험을 보기도 합니다. 수업 시간에 가르쳐준 다양한 과학적인 방법들을 학생들이 얼마나 잘 습득했는지 확인할 수 있죠. 중요한 것은 그 과학적인 방법을 어디서 어떻게 이용할지 학생들이 스스로 결정하는 능력입니다."

자연과학 시간에도 학생들이 어떤 프로젝트를 할 것인지 스스로 결정하게 한다. 호기심을 불러일으키는 주제를 찾고 혁신적인 방법을 선택하게 한다. 학생들은 정답을 찾는 사람이 아니라 탐험가가 되고 발명가가 된다.

"이런 종류의 프로젝트 시험은 교사인 나도 즐거워요. 왜냐하면 학생들이 종종 나도 쉽게 답할 수 없는 질문들을 가져오거든요. 교육부나 학교에서 제시하는 과제가 아니라 아이들이 스스로

만들어낸 프로젝트라는 점에서 의미가 있죠. 내가 싫어하는 것
은 시험 자체가 아닙니다. 학생들이 교사의 말을 단순히 암기하
거나 그대로 따라 하는 시험이 싫은 거죠. 나는 이것을 '앵무새
시험'이라고 불러요. 학생들은 자기가 한 말이 어떤 의미인지도
모른 채 선생님의 말을 그냥 흉내 낼 뿐이에요. 그 주제를 제대
로 이해할 필요 없이 그냥 따라 하면 되는 거죠. 나는 이런 시험
을 통해 학생들이 뭔가를 배울 수 있다고 생각하지 않아요. 시험
을 위한 공부일 뿐 그 주제에 대한 깊은 지식은 얻을 수 없죠. 그
래서 학생들에게 실질적이고 긍정적인 영향을 주지 못하는 시
험이라면 볼 필요가 없다고 생각해요. 회사에서 업무와 상관없
는 주제로 시험을 보게 한다면 어떤 직원이 좋아하겠어요? 학생
들도 마찬가지 아닐까요?"

비단 호우키에르만 이렇게 생각하는 것은 아니다. 북유럽 스칸디나
비아 나라의 교사들이 다른 나라의 교사들과 가장 다른 점은 암기
법, 수업 중의 간단한 테스트, 기말고사 등을 어떻게 활용하는가에
있다. 덴마크의 교사들은 학생들에게 단순 지식을 주입하는 데 많
은 시간을 쓰지 않는다. 그들은 학생들이 많은 지식을 외우길 바라
지 않는다. 학생들이 독립적이고 비판적인 방법으로 지식을 얻어가
는 과정 자체를 중요하게 여긴다.

"교육부에서 학생들의 단순 지식을 왜 테스트하려고 하는지 모

르겠어요. 특히 전국의 모든 학생이 같은 문제를 일제히 푸는 시험은 실시하지 말아야 해요. 대신 각자의 교실에서 아이들이 배운 내용으로 시험을 봐야 합니다. 그 교실의 선생님이야말로 정해진 기간 동안 무엇을 가르치려고 했는지 정확히 알고 있고, 학생들이 어떤 대목을 기억하길 바라는지도 잘 알고 있으니까요. 나는 교사인 나 말고 다른 누군가가 우리 학생들의 시험문제를 낸다는 사실을 받아들이고 싶지 않아요. 그런 시험을 치를 때마다 학생들은 매우 힘들어합니다. 어떤 학생은 불안을 느끼고 심지어 공포와 두려움을 호소하죠. 학생들은 학교생활이 행복해야 합니다. 교실에서 벌어지는 모든 일은 선생님과 학생들이 서로 알고 있어야 합니다. 어떤 일이든 어떤 시험이든 교실 밖의 누군가에 의해서 결정되면 안 됩니다."

호우키에르는 평가나 시험 그 자체를 반대하는 것이 아니다. 학생들이 이해할 수 있는 합당한 평가, 합당한 시험을 강조할 뿐이다.

"시험을 봐야 한다면, 교사와 학생이 지난 몇 주 동안 했던 수업이 그 시험에 반영되어야 합니다. 선후가 바뀌어서는 안 되죠. '시험을 위한 공부'가 되면 안 됩니다. 무엇을 어떻게 가르칠 것인가를 시험이 좌우하게 되면, 교사는 물론이고 학생들에게도 제대로 된 학습 동기를 부여할 수 없습니다. 그러면 우리는 아이들에게 '세상을 어떻게 알아갈 것인가'가 아니라 '정답을 맞히는 법'을 배우기 위해 학교에 가는 것이라고 말해야 합니다. 개인적으로는 이것이 가장 나쁜 교육이라고 생각합니다. 걱정스럽게도 세계 여러 나라에서 아직도 이런 방법으로 교육을 하고 있어요.

학생들은 이런 교육을 지루해합니다. 교사에게도 지루하죠. 이런 식의 공부를 왜 해야 하는지 분명하게 아는 사람이 없기 때문입니다. 학생들은 오로지 시험을 준비할 목적으로 공부해야 합니다. 교사도 학생도 아닌 다른 사람이 우리가 무엇을 위해 어떻게 시간을 써야 하는지 결정하는 셈입니다. 그러니 동기와 의지가 사라지죠. 결과적으로는 배우는 것도 별로 없어요. 시험을 위해 얻은 지식은 시험이 끝나면 금방 잊어버리니까요."

호우키에르는 학생들을 교실에 앉혀놓고 객관식 시험문제를 풀게 하는 것을 좋아하지 않는다. 이것 말고도 그동안 배운 주제에 대해 학생들이 얼마나 이해하고 있는지를 체크하는 방법은 많기 때문이다. 교사가 질문하고 학생들이 손을 들어 답을 맞히는 것도 썩 좋은 방법은 아니다. 그는 다른 방법을 쓴다. 이른바 열린 숙제다. 학생들이 스스로 시험문제를 내고 왜 그런 답을 찾았는지 설명하는 것이다. 학생들이 스스로 문제를 만들어서 풀거나 프로젝트를 제안하고 실행하는 것을 보면서 교사는 그 학생의 수준을 더 깊이 이해할 수 있다.

시험 점수보다 학생 개인의 자기 주도성을 강조하는 것은 덴마크의

혼자 책을 읽고 시험을 치르는 것만으로는 배움
에 대한 의욕과 호기심을 충분히 자극할 수 없어
요. 배움은 우리가 누군가와 이야기를 나누는 과
정 속에서 일어납니다.

오랜 전통이다. 호우키에르도 아주 가끔 학생들에게 시험문제를 내고 점수를 매기기도 하지만 최대한 피하려고 한다. 학생들에게 독립적이고 비판적으로 사고하는 힘을 길러주기 위해 애쓴다.

> "나는 우리 학생들이 어떻게 하면 독립적인 사람이 될 수 있을까를 매우 중요하게 여깁니다. 학생들이 그저 교사의 지도를 잘 따라주기만 바라지는 않아요. 아이들이 실제 세상으로 나가 호기심을 발휘하고 스스로 원하는 것을 배우길 바랍니다."

덴마크의 다른 교사들처럼 호우키에르도 학생들에게 많은 영감을 주려고 노력한다. 학생들이 일상생활에서 수학을 밀접하게 경험하는 기회를 제공하려는 것이다. 예를 들어 그는 학생들과 자전거를 타고 반나절 동안 학교 주변 마을을 돌면서 수학 문제를 함께 풀어본다. 보트 클럽에 가서 물의 높이에 따라 서로 다른 보트들이 어떻게 움직이는지를 살펴본다. 휴식 시간에는 간식을 먹으며 숫자 맞추기 퍼즐 게임을 하거나 아주 간단한 퀴즈를 풀어본다. 테니스 클럽에 가서 힘의 세기에 따라 달라지는 테니스공의 커브를 관찰한다. 지역의 보이스카우트가 새 오두막을 짓고 있으면 학생들과 함께 널빤지의 규격을 재고 도면을 그려본다. 이런 활동을 통해 학생들은 교실에서 수업을 받기 전에 앞으로 배울 주제들을 직접 경험하게 된다.

"나는 학생들에게 동네의 정수 시설을 보여줄 때도 있어요. 물론 신문 기사나 자료를 통해서도 알 수 있지만, 코를 움켜쥐고 냄새가 나는 더러운 물을 눈으로 직접 보면 정수 시설이 어떤 것인지를 진짜 제대로 이해할 수 있거든요. 아이들은 실제 세계에서 무언가를 경험했을 때 훨씬 기억을 잘합니다. 그 경험들은 교실에서 교사가 말하려는 주제에 대해 쉽게 공감대를 형성해 줍니다. 나는 학생들에게 이렇게 말할 수 있죠. '지난번에 우리가 항구에 갔을 때 어떤 배를 봤잖아. 짐들을 막 내려놓고 있던 그 배, 기억나지?' 이런 구체적인 경험의 공유가 정말 중요합니다. 우리가 배우는 모든 것의 기반을 제공할 수 있어요."

경험을 공유한다는 것은 곧 다른 사람과 대화를 할 수 있다는 뜻이다. 덴마크 학생들은 말을 많이 하는 편이고 교사들도 이를 권장한다. 재잘거리고 토론하면서 어떻게 자신의 목소리를 이용하는지, 어떻게 자신의 생각을 말로 표현하는지 배우기 때문이다. 경험의 공유와 말하기는 시험에서 백점을 맞는 것보다 훨씬 중요하다.

"배움은 우리가 누군가와 이야기를 나누는 과정 속에서 일어납니다. 혼자 책을 읽고 시험을 치르는 것만으로는 배움에 대한 의욕과 호기심을 충분히 자극할 수 없어요. 내가 배운 것을 다른 사람에게 말하고 토론할 때 제대로 이해했는지 확인할 수 있죠. 수학이나 과학도 그렇고 언어도 마찬가지입니다. 우리가 아무리 수천 개의 영어 단어를 외우고 있어도 다른 사람과 대화를 나누지 않는다면 진정으로 영어를 배웠다고 할 수 없을 겁니다. 아무리 성적이 좋아도 그 지식을 사용하지 않으면 쓸모가 없죠. 아이들이 교실 밖에서 어떤 것을 함께 느끼고 경험하면 그 주제를 가지고 아주 신나게 수다를 떨어요. 말하고 토론하는 그 순간에 아이들은 더 많은 것을 배우게 됩니다."

경험을 함께 나누면 더 쉽게 배울 수 있다! 호우키에르는 7학년 학생들과 '기하학적 도형 함께 측정하기'를 주제로 수업을 한다. 이때 학생들은 다양한 도형을 한 개씩 학교에 가져온다. 우유갑, 축구공, 두루마리 화장지의 심, 냅킨 상자 등 아무거나 괜찮다. 호우키에르는 이 물건들을 큰 상자에 집어넣고 학생들을 몇 개의 그룹으로 나눈 다음 5학년과 7학년이 함께하는 단기 특별 수업을 시작한다. 수업 주제는 '기하학적 도형을 어떻게 측정할 것인가?'다. 학교 체육관에는 그룹별로 테이블과 칠판이 마련되고, 2주 동안 수업을 준비한 7학년 학생들은 5학년 학생들에게 도형의 측정 방법을 설명한다. 이때 7학년들은 어떤 도형으로 5학년들을 가르칠 것인지 미리 상의한다. 실력이 좀 부족한 그룹은 측정하기 쉬운 도형을 선택하고, 도전적인 그룹은 난이도가 높은 도형을 선택한다.

"나는 5학년 담당 선생님과 상의해서 제일 우수한 아이들을 7학년의 뛰어난 아이들이 있는 테이블로 보냈어요. 조금 어려워하는 5학년 아이들은 마찬가지로 실력이 조금 부족한 7학년 아이들에게 보냈고요. 이렇게 수준별로 팀을 이뤄주고 20분의 시간을 줬어요. 7학년들이 5학년들을 직접 가르치는 거죠. 20분이 지나면 다른 그룹에게 같은 내용을 또 가르치게 했어요. 그랬더니 새로운 5학년 그룹을 맞이할 때마다 7학년 그룹의 설명이 점점 더 나아졌어요. 우수한 아이들은 우수한 아이들대로, 조금 부족한 아이들은 또 그 아이들대로 가르치는 내용이 좋아진 거죠.

그룹별 수업이 끝나고 평가의 시간을 충분히 가졌어요. 이 프로젝트를 통해 무엇을 배웠는지, 어떤 부분을 설명할 때 특히 어려웠는지, 다시 한다면 무엇을 더 준비하고 싶은지 등등. 이 프로젝트를 하면서 교사인 나도 정말 많이 배웠어요. 기하학에 대한 객관식 시험으로는 절대 알 수 없는 것들이죠. 아이들이 서로에게 기하학을 설명하는 모습을 보면서 이 과목에 대해 얼마나 깊게 이해하고 있는지 파악할 수 있었어요.

무엇보다 이 프로젝트는 아이들에게 높은 수준의 동기를 부여해준 것 같아요. 7학년 아이들은 2주 동안 매우 집중했어요. 휴식 시간마저도 연구하느라 정신이 없었죠. 학교 밖에서도 고민의 끈을 놓지 않았어요. 부모님에게 미리 설명을 해보기도 하고, 주변의 모든 사물을 측정하면서 연습했어요. 단순히 지식을 암기하는 방식과는 완전히 다른 배움이죠. 길게 보면 호기심을 자극하는 이런 교육 방식이 훨씬 효과적입니다."

덴마크에도 이런 학생이 있지 않을까? 남과 경쟁하고, 시험에서 좋은 점수를 받고, 좀 더 어려운 문제를 풀면서 학습의 동기를 찾는 그런 학생 말이다. 물론 있다. 호우키에르는 그들에게도 '선택의 기회'를 준다. 그런 학생들만 따로 모아서 어려운 문제를 풀어보라고 할 때도 있다. 다른 학생들은 그 시간에 시험을 보지 않고 다른 활동을 한다. 호우키에르는 학생 개인별로 공부에 대한 동기와 의지를 계속 유지시키는 것이 무엇보다 중요하다고 말한다.

학생들은 종종 시간이 흐르면서 동기를 잃는다. 학교에 처음 입학하면 새로운 환경에 눈을 반짝거리면서 관심을 보이지만 7학년쯤 되면 의욕을 잃고 시들해질 수 있다. 그래서 호우키에르는 시험이 도움이 된다고 판단되는 학생에게는 시험을 치르게 한다. 또 반 학생들 가운데 머리가 좋은 서너 명에게는 서로 경쟁하면서 어려운 문제를 풀어보게 한다. 그는 몇몇 학생들이 과학경시대회에 나가는 것을 돕기도 했는데, 그중 두 명은 최근 전국대회에서 상을 타기도 했다.

호우키에르는 이처럼 우수한 학생의 특별한 활동을 도와주지만 여기에도 원칙이 있다. 이들의 특별한 활동이 다른 학생들의 활동을 방해하거나 상처를 줘서는 안 된다. 이 균형을 유지하는 일은 쉽지 않지만 그래도 해내야 한다.

호우키에르의 교실에도 이른바 '수포자'에 해당하는 학생들이 있다. 이 아이들은 수학 시험 자체에 심한 알레르기 반응을 보인다. 시험을 통해 어떤 것도 배울 수 없는 상태인 것이다.

그는 이런 학생들에게 어떻게 다가갈까?

"우선 이야기를 나누는 것이 필요합니다. 아이들이 실제 생활에서 어떤 일을 하고 있는지 잘 들어주는 거죠. 그리고 그 일들이 지금 교실에서 배우는 수학과 어떤 연관성이 있는지 대화를 나눕니다. 교사가 이런 대화를 잘 이끌어가려면 지금 배우는 수학에 대해 이 학생이 무엇을 알고 또 무엇을 모르는지 명확히 구분할 수 있어야 합니다. 대화를 나누다 보면 이 학생이 어떤 수학 용어를 알아듣는지, 어떤 용어에 대해 설명을 더 해줘야 하는지 알게 됩니다. 학생에 대한 이런 파악도 없이 수학 시험을 치르게 한들 무슨 소용이 있겠습니까?"

수학 공부 이전에 대화가 필요하다는 것이다. 먼저 한 인간에 대한 이해가 필요하다는 것이다.

"수학 숙제를 내거나 어떤 계산을 할 때 나는 학업 능력이 조금 부족한 학생들과 충분히 대화를 나눕니다. 수학 용어를 얼마나 알고 있는지, 우리가 하려는 과제의 목적을 제대로 알고 있는지부터 파악하는 거죠. 수학 공부는 단지 계산을 반복하는 것이 아닙니다. 주어진 문제를 정확히 읽어내고 이해하는 것이 중요합니다. 이것은 언어의 영역이죠. 일부 학생들은 수학 숙제에 등장하는 지문의 특정 대목을 이해하지 못해서 어려움을 겪기

학생들이 스스로 생각하고 행동하며 배워나가는
모습을 지켜보는 게 교사인 내게는 가장 신나는
일입니다. 자기 인생 내내 배움을 계속해나가는
모습을 볼 때 참 행복해요.

도 합니다. 하나의 단순한 단어, 단순한 구절을 이해하지 못하는 바람에 숙제를 포기하게 되는 거죠."

호우키에르는 숙제를 내거나 시험을 볼 때 이런 원칙을 적용한다. 이른바 1 대 4 원칙이다. 한 시간 동안 시험을 봐야 한다면, 그 전에 네 시간 동안 시험에 대해 학생들과 이야기를 나눈다.

어떤 수학 교사는 매주 월요일마다 한 시간 동안 시험을 보기도 한다. 그 시험 점수들의 평균이 그 학생의 학기 말 점수가 된다. 그러나 호우키에르는 한 달에 한 번만 시험을 보고 나머지는 그 시험문제에 대해 이야기를 나눈다. 시험 일주일 전에는 모든 학생이 시험문제에 나올 용어를 다 이해했는지 점검한다. 시험을 본 다음 주에는 몇 개의 그룹을 나누어 일부 시험문제를 다시 풀어보게 한다. 모두 만점을 받게 하려는 것이 아니라 학생 개개인이 스스로 부족한 부분을 파악하고 극복하게 하기 위해서다. 시험은 적을수록 좋고, 시험에 대한 분석은 많을수록 좋다. 이것이 바로 덴마크 방식이다. 결과와 점수보다는 피드백과 토론을 중요하게 여긴다.

호우키에르는 모든 학생을 위한 선생님이 되고 싶다. 공부를 잘하는 몇몇 학생들에게만 더 많은 관심을 주지 않는다. 뒤처진 학생들도 한 걸음 전진할 수 있도록 정성껏 도와준다.

"교사로서 가장 어려운 점이 있다면 그건 내 수업이 모든 학생에게 보탬이 되는 일이죠. 참 어려운 일이지만 그렇기 때문에 또 가장 즐거운 일이기도 합니다. 만약 학생들의 높은 시험 성적이 내 일의 중요한 부분이었다면 나는 30년 넘게 교사 생활을 하지 못했을 겁니다. 학생들이 스스로 생각하고 행동하며 배워나가는 모습을 지켜보는 게 교사인 내게는 가장 신나는 일입니다. 각각의 학생에 맞춰 동기를 부여해주고, 그 결과로 그가 자기 인생 내내 배움을 계속해나가는 모습을 볼 때 참 행복해요. 이것이 내가 느끼는 보람의 전부이자 내가 해야 할 일의 전부입니다. 나는 우리 학생들이 스스로 목표를 세우고 그것을 달성하며 성장해나가는 모습을 보고 싶어요. 시험에서 만점을 받기 위해 노력하는 것이 아니라 의미 있는 일에 긍정적인 기여를 하기 위해 노력하는 사람이 되기를 바랍니다."

교사 경력 32년 차인 호우키에르는 초중등학교 크로고르스콜렌 (Krogårdsskolen)에서만 25년째 근무하고 있다. 덴마크에서는 학생들이 초중등학교에 입학해서 졸업할 때까지 9년 동안 계속 같은 반 같은 담임인데 호우키에르도 어느덧 세 번째 9년 동안 같은 반 담임을 맡고 있다.[8]

---

8   교사가 1학년 담임을 맡으면 아이들이 졸업할 때까지 9년 동안 계속 같은 반을 맡는 것이 덴마크 초중등학교의 전통이다. 정년을 채운다면 평균 세 번 정도 9년 동안 같은 반 담임을 하는 셈이다. 최근에는 9년의 담임 기간이 너무 길고 효율성이 떨어진다는 주장이 제기되면서 3년 또는 6년 동안 담임을 하는 학교도 늘어나고 있다.

"9년 동안 담임을 하면 그 아이에 대해 모르는 것이 별로 없어요. 거의 엄마처럼 된다고 할 수 있죠. 아이들이 성장하면 담임 교사인 나도 함께 성장해요. 이 일이 너무 좋아서 교장을 해야겠다는 생각은 한 번도 해보지 않았어요.(웃음)"

헬레 호우키에르가
교사에게 건네는 조언

1. 시험은 적을수록 좋고, 시험에 대한 대화는 많을수록 좋다. 시험을 전후로 대화를 충분히 나눠보면 학생들이 수업을 잘 따라오고 있는지 효과적으로 파악할 수 있다. 이것은 시험 자체보다 더 중요하다.

2. 시험을 왜 봐야 할까? 그 이유와 목적을 학생들이 분명히 이해하는 것이 중요하다. 시험은 교실에서 학생들이 실제로 배운 것과 연관이 있어야 한다.

3. 점수에 너무 연연하지 말자. 학교 시험과 성적이 실제 사회생활에 미치는 영향력은 크지 않다. 사회에서 실제로 부딪혀보는 것이 더 중요하다. 결과보다는 과정이 중요하다는 것을 잊지 말자.

영어
잘하고 싶니?

Do you speak English?

안데르스 울랄
Anders Uldal

●

초중등학교 트레크로네르스콜렌
Trekronerskolen

안데르스 울랄(Anders Uldal)은 52세이며 15년째 교사로 일하고 있다. 현재 덴마크 항구 도시 로스킬레(Roskilde)에 있는 초중등학교 트레크로네르스콜렌(Trekronerskolen)에서 영어와 과학을 가르치고 있다. '자신감을 불어 넣는 영어 수업'으로 학생들에게 인기가 많다. 생물학 석사이며 물고기의 생태계를 다룬 책을 쓰기도 했다.

만약 어떤 학생이 영어 수업 시간에 영어를 한마디도 하지 않으려고 한다면 어떻게 해야 할까. 안데르스 울랄(Anders Uldal)은 한창 사춘기에 접어든 학생들에게 영어를 가르치고 있다. 7학년에서 9학년까지 담당하는데 한국으로 치면 중학생들이다. '무서운 중2'라고들 하는데 덴마크도 다르지 않은 것 같다.

이 나이 때의 아이들은 머릿속에 수업과 상관없는 일들로 가득하다. 타인의 시선에도 민감해서 '내가 남들 앞에서 영어로 말할 때 바보처럼 보이면 어떡하지?' 하며 걱정하기도 한다. 그래서 이 또래 학생들을 수업에 적극적으로 참여시키는 것은 결코 만만하지 않다. 울랄은 영어 교사로 15년째 일하고 있지만 사춘기 학생들과 수업하기가 여전히 쉽지 않다.

울랄이 생각할 때 학생들이 영어 등 외국어를 배우면서 가장 힘들어하는 것은 문법이 아니다. 'Worcestershire'처럼 발음하기 어려운 단어를 정확히 외우는 것도 아니다. 잘하든 못하든 그냥 영어로 말해보는 것 자체를 가장 힘들어한다.

"영어를 배우려면 '단어'와 '용기'를 함께 가져야 합니다. 지금 나의 영어 수준이 어떻든 주눅 들지 않고 일단 자신 있게 입을 떼서 말을 시작하는 게 중요하죠. 영어로 말하기 시작하면 어휘와 발음과 문법에 대한 감각이 빠르게 성장합니다. 그래서 말할 수 있는 용기가 제일 중요해요. 사실 유창하지 않은 영어로 말을 하려면 정말 용기가 필요하죠. 그런데 이것이 영어를 배우는 유일한 길입니다."

덴마크의 다른 영어 교사들처럼 울랄도 시험을 자주 보거나 숙제를 많이 내주지 않는다. 대신 학생들이 '영어의 바다'에 푹 빠져들기를 바란다. 영어를 사용하고 영어와 놀기를 바란다. 영어와 친숙해지는 것이 영어를 정확히 쓰는 것보다 더 중요하다고 여기기 때문이다.

'즐기면 이루어진다!' 사실 이런 접근 방식은 북유럽 스칸디나비아 나라의 학교 수업에서 매우 보편적이다. 교사들은 학생들이 1학년에 입학해서 글자를 막 배우기 시작할 때 '어린이다운 글자(children spelling)'를 쓰도록 권장한다. 절대로 "이 글자는 틀렸어"라고 지적하거나 간섭하지 않으며, 학생들이 쓰는 것 자체를 즐기도록 내버려둔다. 쓰는 행동 자체를 칭찬해주는 것이다. 교사들은 학생들이 쓰는 것을 즐기게 되면 나중에 스스로 틀린 글자를 찾아낼 수 있다고 믿는다. 그래서 지적하지 않고 칭찬해준다.

울랄도 수업 초반에는 학생들의 영어를 많이 고쳐주지 않는다. 학생들이 편안한 마음으로 영어라는 외국어를 탐험하고 실험해볼 수 있도록 격려해준다.

"일단 영어로 말을 해보는 게 중요하니까 영어 수업 첫 해에는 자신감을 갖게 하면서 어휘를 익히는 과정에 집중합니다. 자신감은 모든 수업에서 중요하지만 영어 수업에서는 더욱 필요합니다. 특히 사춘기에 접어든 10대들에게는 더 그렇죠. 10대들은 남의 시선을 의식하기 시작하고 '누가 나를 놀리지 않을까' 걱정하는 마음이 크거든요."

울랄은 시험과 점수에 엄격하지 않다. 대신 그가 매우 엄격하게 지도하는 것이 있다. 바로 학생들이 서로를 어떻게 대하는지에 관한 문제다. 어떤 학생도 친구를 놀리거나 조롱하는 행동이 허용되지 않는다. 한 학생이 수업 시간에 의견을 말하면, 다른 친구들은 모두 존중하는 마음으로 조용하게 경청해야 한다.

영어 교사로서 울랄이 중요하게 여기는 기본 목표는 교실을 '안전한 공간'으로 만드는 것이다.[9] 학생들이 영어라는 외국어를 마음껏 탐험하려면 안전한 공간이 필수다. 내가 영어로 말해도 주변 친구들에게 놀림받지 않을 것이라는 확신이 들어야 한다. 울랄은 이런

---

9 덴마크는 교실에서도 '웰빙' 개념을 강조한다. 교실은 공부를 하는 기능적 공간인 동시에 삶이 삶다워지는 공간이어야 한다는 것이다. 그러려면 왕따나 조롱, 폭력이 없는 안전한 공간이어야 한다.

두려움을 애초에 없애주는 안전한 공간을 만드는 것이 교사의 역할이라고 믿는다.

"학생들이 영어 단어를 그냥 '외우는' 것이 아니라 '사용'했으면 좋겠어요. 언어는 실용적이어야 하잖아요. 언어는 근육과 비슷해요. 근육을 강화하려면 실제로 사용해야죠. 영어 수업에 참여하는 우리 학생들은 이미 조금씩 영어를 알고 있어요. 그래서 내 역할은 아이들이 어떻게든 영어를 실제로 사용하도록 격려하는 일입니다. 나는 우리 교사들과 학부모, 어른들이 아이들을 신뢰했으면 좋겠어요. 아이들은 많은 일을 스스로 할 수 있어요. 어른들은 아이들이 그 일을 스스로 할 수 있도록 다양한 영감을 줘야 합니다.

나는 학생들이 '1000개 영어 단어 완성'이나 영어 자격시험에 통과하기를 바라지 않아요. 실제 생활에서 영어를 어떻게 유용하게 잘 사용하는지를 중요하게 봅니다. 학교 안이 아니라 학교 밖 세상에서 편하게 말하고 쓰고 읽기를 바라죠. 다른 나라에서 외국인을 만났을 때 비록 내 영어가 유창하지 않아도 주눅 들지 않고 대화하는 거예요. 그러면서 서서히 유창하게 말하게 되기를 바랍니다."

교실에서 영어 수업을 할 때 학생들이 쉽게 참여할 수 있는 분위기를 만들려면 어떻게 해야 할까? 울랄은 그날의 수업 주제를 학생들이 스스로 결정하게 한다. 물론 교사로서 분위기를 조성해주기는 한다. 그날의 뉴스 혹은 주말 동안 화제가 된 사건을 언급하면서 학생들의 의견을 묻는다. 그러다 보면 학생들이 이런저런 의견을 말하는데 그중 하나를 선택해 토론한다.

물론 학생들은 영어를 자유자재로 구사하는 것을 힘들어한다. 특히 전체 학생이 참여할 때는 더 부담감을 갖는다. 그래서 보통은 대여섯 명씩 그룹을 나누고 그 안에서 주제를 정한 뒤 이야기를 나눈다. 이런 시도는 모두 영어라는 근육을 만드는 과정이다.

울랄은 영어 교사로서 학습 소재를 발굴하는 것이 어렵지 않다. 덴마크 학생들이 영어로 만들어진 음악이나 영화, 컴퓨터 게임에 관심이 많기 때문이다. 물론 정해진 커리큘럼이 있고 9학년의 경우 전국적으로 실시하는 학기말 시험에도 대비해야 하지만 대중문화에 대한 학생들의 관심을 최대한 활용해 수업을 진행한다.

일례로 영국의 스타 요리사 제이미 올리버(Jamie Oliver)의 비디오를 함께 보면서 수업을 한다. 영상의 구성 요소를 파악하고 우리가 요리를 한다면 어떻게 할지 토론한 다음 조별로 요리 실습을 하고 비디오로 촬영한다. 요리 영상이라는 하나의 텍스트를 여러 가지 요소로 분해하고 해체해보면서 텍스트 자체가 어떻게 구성되는지 이해하는 과정이다. 물론 이 수업은 모두 영어로 진행된다.

울랄은 동화나 판타지 소설도 수업에 적극 활용한다. 스토리 속 인물들의 개성을 분석하면서 학생들과 이야기를 나눈다. 학생들이 각자 표현하고 싶은 캐릭터를 그림으로 그리고 옆 친구에게 영어로

쓰기 숙제나 객관식 시험을 통해 얻는 것보다 실
질적인 대화를 통해 얻는 것이 훨씬 더 많다고 믿
어요. 우리 학생들이 자기 삶에 오랫동안 보탬이
되는 공부를 하도록 돕고 싶어요.

설명하는 시간을 갖는다. 학생들은 영어에 재미를 느끼면서 스스로 이 수업의 주인이라는 생각을 하게 된다.

울랄은 가끔 숙제를 내주기도 하는데 첫 번째 숙제는 영어로 하는 부모 인터뷰다. '엄마와 아빠는 어떻게 처음 만났을까?'를 주제로 인터뷰하고 그 내용의 일부를 오디오 파일로 만들어 친구들과 함께 듣고 의견을 나눈다. 학생들은 소그룹 혹은 일대일로 피드백을 주고받는다. 이때 원칙은 '칭찬 2 대 조언 1'의 룰을 지키는 것이다. 좋은 점 두 가지를 먼저 말하고, 어떻게 하면 더 좋은 인터뷰가 될 수 있을지 조언해준다.

학기 후반에는 반 학생들 앞에서 서로 돌아가며 영어로 발표하는 시간도 갖는다. 이때 발표 주제 중 하나는 '나의 영웅(My Hero)'이 누구인지를 소개하는 것이다. 학생이 발표하는 동안 울랄은 키워드를 뽑아서 칠판에 적는다. 전체 학생들에게 그 학생이 무슨 말을 하고 있는지 확실하게 인지시키고 싶기 때문이다.

"나는 키워드를 적으면서 가급적 새로운 단어들을 찾아냅니다. 이 과정을 통해서 학생들은 더 많은 영어 단어를 접할 수 있어요. 새로운 단어가 하나하나 추가될수록 학생들은 새로운 영감을 더 많이 얻을 수 있어요. 이 단어들은 대화를 통해서 더욱 풍성해집니다. 교사의 역할은 학생들이 영어로 좀 더 많은 대화를 하도록 격려하는 것입니다."

어떤 날은 교실 밖으로 나가 운동장 한쪽에서 캠프파이어를 하면서 수업을 한다. 학생들은 불을 잘 지필 수 있는 방법을 연구하며 영어로 이야기를 나눈다. 운동장으로 나오기 전에 유튜브에서 캠프파이어를 다룬 영어 영상을 함께 보면 더 효과적이다. 울랄은 불을 지피는 아이들의 들뜬 모습을 지켜보면서 몇몇이 주도하지 않고 다 같이 영어로 말할 수 있는 분위기를 만든다. 물론 너무 많이 개입하지 않으려고 자제하면서.

"학생들은 즐겁게 놀면서 새로운 영어 단어들을 좀 더 자연스럽게 만날 수 있어요. 땔나무를 옮기고 불을 붙이면서 친구들이 말하는 영어를 들을 때 더 실감나게 들리죠. 이렇게 실제 경험 속에서 단어를 사용하면 책상에 앉아서 외우는 것보다 훨씬 더 잘 기억하게 됩니다. 이것이 바로 'learning by doing', 즉 경험을 통한 학습이죠."

가르친다는 것은 무엇일까. 울랄은 일방적으로 부어넣는 것이 아니라고 말한다. 언어를 가르치는 선생님들은 종종 '비어 있는 학생들의 머리에 뭔가를 채워줘야 한다'고 생각하기 쉽다. 그래서 선생님은 칠판 앞에서 말하고 아이들은 따라하게 한다. 하지만 자동차 연료통에 기름을 부어넣듯이 해서는 효과가 없다. 교사가 학생들에게 무언가를 채워주려고 하다 보면 심문하듯 질문하게 되고, 교사가 원하는 답을 못하는 학생들은 자신감을 상실할 수도 있다.

울랄은 8, 9학년 영어 수업에서 비즈니스 영어도 가르친다. 그 방법 중 하나가 역할놀이다. 학생들은 사장, 판매원, 고객이 되어 영어로 소통을 한다. 처음에는 물건을 사고파는 것부터 대화를 시작한다. 때로는 영어를 덴마크어로 통역하는 역할을 해보기도 한다.

"학생들은 어떤 주제에 맞춰 이야기를 해야 할 때, 특히 교실에서 전체 학생들이 지켜보는 가운데 말을 해야 할 때 긴장을 많이 합니다. 짧게 말하고 그만두려는 경향이 있어요. 그래서 나는 앞에 나와서 발표하는 방식을 가급적 줄이려고 합니다. 그 대신 몇 개의 소그룹으로 나누거나 역할놀이를 하면서 아이들끼리 대화를 많이 나누게 합니다. 그렇게 해야 학생들이 외국어를 더 편하게 말하고 배울 수 있다고 생각하기 때문입니다. 저를 비롯해서 많은 언어 과목 선생님들이 학생들끼리 서로 대화하면서 언어를 배우게 해야 훨씬 효과적이라는 사실을 깨달아가고 있어요."

덴마크에서는 한 명의 선생님이 두서너 과목을 가르친다. 우리나라의 중학교 과정인 7, 8, 9학년을 가르칠 때도 마찬가지다. 4년제 교사대학을 졸업하고 교사가 되려면 임용 후 학교에서 가르칠 과목을 최소 두 개 이상 의무적으로 전공해야 한다.

울랄은 초중등학교 트레크로네르스콜렌(Trekronerskolen)에서 영어와 과학을 가르치는데, 영어와 다른 과목을 통합해서 수업을 하기도 한다. 예를 들어 과학 시간에 자석에 대한 실험을 하거나 포도당의 영양소를 분석할 때 영어를 사용하는 것이다. 그러다 보면 지금까지 영어 수업에서 배우지 않았던 새로운 단어가 등장한다. 실질적인 활동을 하면서 영어로 대화를 하면 이렇게 살아 있는 어휘와 만날 수 있다.

울랄은 가끔 쓰기 숙제를 내준다. 대부분의 학생들은 이런 숙제를 단조롭고 지루해한다. 물론 선생님의 의도를 파악하고 즐겁게 하는 학생도 있다. 하지만 그동안의 경험으로 보면 효과가 떨어진다. 학생들은 쓰기 숙제를 하면서 익힌 영어 단어와 문장을 훨씬 더 빨리 잊어버린다.

> "나는 쓰기 숙제나 객관식 시험을 통해 얻는 것보다 실질적인 대화를 통해 얻는 것이 훨씬 더 많다고 믿어요. 그래서 우리 학생들이 자기 삶에 오랫동안 보탬이 되는 공부를 하도록 돕고 싶어요. 물론 9학년 말에는 전국 종합졸업고사에서 영어 시험을 치러야 합니다. 학생들이 이 시험에 통과해야 하니까 신경을 전혀 안 쓸 수는 없겠죠.(웃음)"

한 반에 영어를 이미 잘하는 아이와 막 배우기 시작한 아이가 섞여 있다면, 교사는 어떻게 해야 할까? 울랄은 모든 학생이 '매일 조금씩 나아지고 있다'고 느끼는 게 중요하다고 말한다.

"같은 7학년인데도 유창하게 영어로 말하는 학생이 있고, 매우 힘들어하는 학생이 있습니다. 해외여행을 자주 다녔거나 부모님이 집에서 영어를 사용하면 자녀들도 영어를 잘하는 경우가 많아요. 저는 수준이 다른 아이들을 분반해서 따로 가르치지 않습니다. 아이들끼리 서로 배우게 하죠. 종종 칠판에 사다리를 그려놓고 학생들에게 이렇게 말해요. '어떤 친구는 이 사다리의 20단에 올라서 있지만 어떤 친구는 5단에 서 있을 수도 있어요. 선생님은 우리 반 모두가 30단에 올라서기를 바라지 않아요. 각자 내가 서 있는 자리보다 조금씩 더 올라갈 수 있다면 그것으로 충분해요. 그러니까 우리는 서로서로 도와줘야 해요. 모두가 현재의 자기보다 더 나아질 수 있도록 말이죠.'"

트레크로네르(Trekroner) 지역에는 고학력 엘리트 부모들이 많이 살고 있다. 그중 일부는 학교에서 교사들이 '말하기'보다 '문법'과 '스펠링'에 더 집중해서 가르치기를 원한다. 이럴 때 울랄은 문법이나 스펠링에 초점을 맞추면 아이들이 얼마나 영어에 두려움을 갖게 되는지 차근차근 설명한다. 또한 일상적인 활동 속에서 함께 배우며 서로에게 동기 부여를 할 때 얼마나 높은 효과가 나타나는지 거듭 강조한다.

덴마크 학생들은 9학년 말에 전국적인 영어 시험을 본다. 이 시험에서 문법이 차지하는 비중은 매우 낮다. 대부분 듣기, 읽기, 말하기다. 이 시험이 다가오면 울랄은 학생들에게 좀 더 많은 예비시험을 치르게 한다. 고등학교에 다닐 만한 실력이 되려면 이 시험을 통과해야 한다고 생각하기 때문이다. 그러나 울랄은 이 시험 때문에 자신의 교육철학과 수업 방식을 포기하지는 않는다.

"학생들이 영어 시험을 볼 때면 마치 제가 시험을 보는 것처럼 긴장됩니다. 학생들의 점수가 좋지 않으면 교사로서 책임감을 느낄 수밖에 없으니까요. 그래서 때로는 유혹을 느낍니다. '시험 유형에 맞춰 객관식 문제 풀이를 더 많이 해야 하나?' '벼락치기 공부라도 시켜야 하나?'(웃음) 하지만 우리는 이런 유혹을 이겨내야 해요. 나는 교사로서 확신을 가지려고 노력합니다. 내 수업 방식으로 가르쳤을 때 우리 학생들이 결국에는 더 많은 것을 배울 수 있다고 말이죠."

울랄은 모든 학생들에게 '성취의 경험'이 필요하다고 말한다.

"크든 작든 아이들이 목표한 것을 이뤄낼 수 있도록 교사와 부모가 도와야 합니다. 아주 작은 성취의 경험만으로도 아이들은 큰 자신감을 얻으며 영어로 말할 수 있는 힘을 키우게 됩니다. 가장 나쁜 가르침은 '너는 충분한 수준에 도달하지 못했어'라고 말하는 것입니다. 교사가 반 학생들 모두에게 똑같이 높은 기준을 정해준다면 그 기준에 도달하지 못하는 많은 아이들이 패배자로 남지 않겠어요? 그 패배감이 아이들의 의욕을 빼앗을 거예

언어는 실용적이어야 하잖아요. 언어는 근육과
비슷해요. 근육을 강화하려면 실제로 사용해야
죠. 그래서 내 역할은 아이들이 어떻게든 영어를
실제로 사용하도록 격려하는 일입니다.

요. 영어뿐 아니라 모든 공부를 포기하게 만들 수도 있어요. 학
생들은 자기도 모르는 사이에 마음이 약해지고 우울해집니다.
교사가 높은 성취 기준을 일률적으로 제시해서 학생들을 경쟁
하게 만들면 소수의 학생들만 교사의 기대를 충족시킬 수 있어
요. 결국 교사는 10퍼센트의 승자만 돕게 되고 나머지 90퍼센
트의 학생들은 점점 약해질 거예요. 그러지 말아야죠. 우리 교
사들은 모든 학생들이 지금보다 점점 더 나아질 수 있도록 도와
야 합니다. 현재 자기가 서 있는 사다리에서 한 단 한 단 올라가
고 있다면 그 학생은 매우 훌륭하게 공부하고 있는 거죠. 모두
가 도달해야 하는, 하나의 정해진 목적지는 없어야 합니다."

10퍼센트의 승자만이 아닌 모두를 위한 교실. 울랄은 이런 교실을
만들기 위해 때로는 긴 기다림이 필요하다고 말한다.

"영어로 말하기를 두려워하는 학생이 있다면 억지로 시키지 말
고, 스스로 충분히 자신감을 축적할 때까지 안전지대에 머물도
록 하는 게 좋습니다. 안전지대에서 어휘를 풍부하게 쌓고 말하
는 경험을 천천히 늘려가는 거죠. 그렇게 해서 자신감이 충분히
생겼을 때 전체 학생들 앞에서 발표를 하면 매우 효과적입니다.
반면 준비가 안 된 상태에서 발표를 하면 자꾸 주눅이 들어 입
을 떼기가 힘들고, 이런 실패의 경험이 누적되면 학교생활 자체
가 힘들어집니다. 저는 자신감이 부족한 학생들과 수업 전에 미

리 약속을 하기도 해요. '선생님이 이 대목에서 이 질문을 할 거니까 미리 답변을 준비해줘.' 이렇게 해서라도 학생들이 자신감을 서서히 쌓아갈 수 있도록 돕고 있어요."

교사의 이런 노력에도 불구하고 영어 수업에 좀처럼 참여하지 못하는 학생이 있다면 어떻게 해야 할까? 울랄의 교실에도 그런 학생들이 있다. 이런 학생들은 반 친구들 앞에서 영어로 말하는 것을 매우 어려워하기 때문에 서너 명씩 작은 그룹을 지어서 대화를 나누게 한다. 소그룹에서도 영어로 말하기를 두려워하고 대화에 참여하지 못하는 학생이 있으면 반에서 제일 친한 친구와 짝을 지어준다. 그리고 교실 밖 가장 편안한 장소에서 단 둘이 영어로 대화하게 한다.

"이 방법은 대체로 효과가 있어요. '내가 실수하면 다른 친구들이 다 듣게 되지 않을까' 하는 두려움에서 해방시켜주니까요. 둘만의 대화로 자신감을 회복하면 교실에서도 그렇고 반 전체 학생들 앞에서도 이야기를 잘하게 됩니다."

그런데 만약 이 방법조차 통하지 않을 때는 어떻게 해야 할까? 울랄은 자신감이 바닥으로 떨어져 둘만의 대화조차 부담스러워하는 학생이 있을 경우 따로 시간을 내서 보살펴준다. 방과 후에 이 학생과 시간을 정해 대화를 하면서 자신감을 키워준다.
울랄은 단 한 명의 학생도 자신감을 완전히 잃어버린 채 공부를 포기하지 않도록 섬세하게 대응한다. 모든 아이들에게 '너는 매우 소중한 사람이야'라는 신호를 계속 보낸다. 영어 실력이 그 사람을 평가하는 전부가 아니며 영어 능력에 상관없이 한 명의 인간으로서 존엄하고 가치 있음을 느끼게 한다. 수업을 받는 학생 이전에 한 인간으로 대하려는 교사의 마음이다.

안데르스 울랄이
교사에게 건네는 조언

1. 학생들이 관심을 가지고 있는 주제로 수업을 시작하자. 모든 아이들에게는 좋아하는 스포츠 스타나 아이돌이 있다.

2. 학생들에게 지금 무엇에 열정을 쏟고 있는지 물어보는 용기가 필요하다. 다양한 뉴스에서 대화 소재를 가져와도 좋다.

3. 학생 이전에 사람이다. 주말을 어떻게 보냈는지 같이 앉아서 대화하자. 학생을 알기 위해 시간을 투자하자. 학생에게 관심이 있다는 것을 표현하자.

민주주의
게임

The democracy game

킴 륀베크
Kim Lynbech

•

초중등학교 쇠후스콜렌
Søhusskolen

킴 륀베크(Kim Lynbech)는 48세이며 19년째 교사로 일하고 있다. 현재 덴마크 오덴세(Odense)에 있는 초중등학교 쇠후스콜렌(Søhusskolen)에서 사회를 가르치고 있다. 보드게임을 활용한 '민주주의' 수업으로 주목을 받았으며 그 공로를 인정받아 2017년 덴마크 언론사 폴리티켄이 선정한 '훌륭한 교사상'(수업창안 분야)을 받았다.

킴 륀베크(Kim Lynbech)는 학창시절에 아주 훌륭한 학생은 아니었다. 그는 덴마크의 시골에서 1970년대에 어린 시절을 보냈는데 당시 학교에서 만난 선생님들 가운데 일부는 매우 보수적이었다. 그들은 칠판 앞에서 많은 말을 쏟아냈고 학생들은 그저 조용히 듣고 있어야 했다.

륀베크는 이런 수업에 잘 적응하지 못했다. 좀이 쑤시고 집중하기가 힘들었다. 이런 방식으로는 뭔가를 배우는 것이 힘들겠다고 생각했다. 특히 교실의 위계질서에 주눅이 들었다. 그들은 다른 세계에 사는 사람들 같았다. 무엇보다 학생들에게 관심이 없어 보였다.

세월이 흘러 륀베크는 교사가 되었다. 그는 다짐했다. "나는 그들과 다른 선생님이 될 거야."

륀베크는 학생을 교실의 주인으로 만들고 싶었다. 그들이 같은 공동체의 구성원이라는 것을 느끼고, 교실에서 평등하기를 바랐다. 교사의 말을 일방적으로 듣고 있어야 하는 학생이 아니라 참여하는 학생이 되도록 만들고 싶었다.

륀베크가 근무하는 쇠후스콜렌(Søhusskolen)은 덴마크 오덴세(Odense)

에 있는 초중등학교다. 오덴세는 세계적인 동화작가 한스 크리스티안 안데르센(Hans Christian Andersen)이 태어난 곳이기도 하다.

륀베크는 이 학교에서 9학년을 대상으로 한 학기 동안 민주주의를 가르친다. 그는 칠판 앞에서 교사가 주도하는 수업을 거의 하지 않는다. 대신 교실 자체를 민주주의 공동체로 만든다. 북유럽 스칸디나비아 나라들에서 흔히 볼 수 있는 민주주의 기관들의 분위기를 교실에서 만들어내는 것이다. 그에게 교실은 단순히 민주주의를 가르치는 곳이 아니다. 학생들과 함께 민주주의를 체험하고 구현하는 곳이다.

륀베크가 가장 좋아하는 수업 방식은 보드게임을 활용하는 것이다. 그는 교육적인 보드게임을 몇 가지 개발해서 덴마크 전역에 보급했는데, 그 덕분에 쇠후스콜렌에서도 학생들에게 인기가 많다. 그는 이 보드게임을 활용해서 민주주의에 대해 가르친다.

그가 개발한 보드게임은 규모가 크다. 어떤 게임 판은 한 집의 거실 전체를 차지할 정도로 커서 한 번에 70명의 학생들이 참여할 수 있다. 그중 하나가 지방정치에 대한 보드게임이다. 학생들은 몇 개의 그룹을 만들고, 오덴세 시의 지방의회를 구성하는 각 정당을 대변한다. 덴마크는 다당제를 채택하고 있으며 현재 8개의 주요 정당이 있다. 학생들은 주사위를 던져 당을 정하고, 당별로 그룹을 지어 다른 정당과 경쟁한다.

각 정당은 오덴세 시장 자리를 놓고 치열한 싸움을 벌인다. 보드를 둘러싸고 질문을 던지며 토론을 하고 작전타임을 갖는다. 오덴세

민주주의를 강의식으로 가르쳐서는 학생들을 한
사회의 건강한 시민으로 만들 수 있다고 보지 않
아요. 무엇이 민주주의인지 직접 보고 경험할 수
있게 해줘야 합니다.

시장 자리를 따내려면 과반을 차지해야 하기 때문에 8개의 당으로 나뉜 학생들은 노선이 비슷한 당과 타협하거나 정책이 비슷한 당과 연합해야 한다. 실제 정치와 비슷한 과정을 경험해보는 것이다.

이 과정에서 학생들은 시의 공공예산을 알게 되고 그 예산을 어떻게 써야 할지 토론한다. 어떤 정당은 시민을 위한 무료 야외 콘서트를 하길 원할 것이고, 어떤 정당은 시내 중심부에 '차 없는 거리'를 새롭게 만들자고 할 것이다. 이 보드게임은 이틀 정도 진행해야 끝난다. 륀베크는 9학년 학생들과 적어도 1년에 한 번씩 이 게임을 한다.

> "학생들은 보드게임을 하면서 사회와 민주주의의 작동 원리를 배우게 됩니다. 학생들은 각 정당들이 서로 어떻게 다른지를 알 수 있고, 정치 시스템이 어떻게 돌아가는지를 체험할 수 있어요. 이 수업에서 가장 중요한 것은 교육 방식입니다. 나는 민주주의를 강의식으로 가르쳐서는 학생들을 한 사회의 건강한 시민으로 만들 수 있다고 보지 않아요. 무엇이 민주주의인지 직접 보고 경험할 수 있게 해줘야 합니다. 교실에 민주주의 정신을 가져와야 합니다. 교실에서 벌어지는 모든 일이 민주주의 방식으로 이뤄져야 하며 나아가 학교 전체가 민주주의 사회의 축소판이 되어야 합니다."

덴마크의 학교 민주주의는 초중등학교 1학년 때부터 학생들끼리 서로 많은 대화를 하면서 시작된다. 스칸디나비아 나라에서는 아이들이 학교에서 가급적 말을 많이 할 수 있게 배려한다. 교사들은 학생들에게 이렇게 권장한다. "너희에게 필요한 것이나 의견이 있으면 주저하지 말고 말해줘. 선생님 혹은 다른 친구들과 함께 이야기를 나눠보자."

다른 사람이 말할 때는 존중하는 마음을 갖고 조용히 듣는 훈련을 시킨다. 당당히 말하기와 조용히 들어주기는 쉬운 일이 아니라서 그만큼 훈련에 많은 시간이 걸린다. 사실 1학년의 경우에는 민주주의적 소통을 익히는 데 대부분의 시간을 보낸다.

2학년이 되어서도 덴마크의 교사들은 학생들이 자기 차례가 되었을 때 자신 있게 말하고, 다른 사람이 말할 때 조용히 듣는 훈련을 수백 시간이나 계속한다. 교사들은 계속 묻는다. "방금 저 학생이 뭐라고 이야기했죠? 그 의견에 대해 어떻게 생각해요?" "오늘은 이 책을 읽을까요? 다른 책을 읽을까요?" "교실에서 공부하는 게 좋아요? 아니면 밖에서 수업하는 게 좋아요? 자, 손을 들어봐요." 륀베크는 이런 방식의 대화가 덴마크식 민주주의의 기반이라고 말한다.

> "물론 1학년 학생에게 '모든 사람은 자기 의견을 말할 권리가 있고 서로의 의견을 존중해야 한다'고 가르치는 게 쉽지는 않아요. 시간이 필요하죠. 조용히 앉아서 다른 친구의 의견을 듣는 것도 쉽지 않은데 그 의견에 대해 자신의 생각까지 말하려면 더 어렵죠. 이 과정은 한마디로 '다른 사람의 입장에 서보는 것'입니다. 역지사지죠. 간단해 보이지만 매우 중요한 배움입니다. 왜

냐하면 이런 과정을 통해 실제로 어떻게 다른 사람의 감정이나 욕구를 이해할 것인가, 어떻게 건강한 시민이 될 것인가를 배우게 되니까요."

이것은 긴 과정이다. 덴마크의 다른 학교들처럼 뤼베크가 가르치는 쇠후스콜렌의 학생들도 이 긴 과정이 무엇을 위한 것인지를 서서히 깨닫는다. '우리가 교실의 주인이고, 우리가 교실에서 일어나는 일들을 바꿀 수 있다.' 학생들은 학교 공동체의 작은 시민이며 힘을 갖고 있다.

1학년 학생들은 1~2주에 걸쳐 '동물의 세계'에 대해 배우는데 선생님은 이때도 아이들에게 물을 것이다. "여러 동물들 중에 어떤 동물에 집중하고 싶어요? 그 이유는 뭐죠?" 학생들은 호랑이와 코끼리를 놓고 투표할 수도 있다. 일부 학생이 코끼리를 선호했더라도 다수가 호랑이를 선택했다면 그 의견에 따라야 한다. 어떤 책을 읽을 것인가를 두고도 선생님은 아이들에게 의견을 묻는다. 체육 시간에 어떤 경기를 할지, 소풍은 어디로 갈지를 정할 때도 마찬가지다.

덴마크에 있는 대부분의 학교에서 학생들은 간단한 일을 나눠 맡는다. 교실 바닥을 청소하거나 점심시간에 우유 상자를 나르는 일들인데, 누가 무엇을 맡아서 할 것인지도 민주주의 방식으로 결정한다. 하고 싶은 사람이 할 것인지, 모든 학생이 함께할 것인지도 토론해서 정한다.

"처음에는 이런 사소한 질문과 선택이 별것 아닌 것처럼 보일 수도 있어요. 그런데 아이들이 스스로 고민해서 선택을 하고, 그 선택의 결과를 받아들이는 문화를 학교 시스템으로 이어나가다 보면 정말 많은 변화가 생깁니다. 고학년이 될수록 서서히 선택과 책임의 강도가 높아지죠. 계속해서 참여하고 선택하고 그 속에서 자신들을 둘러싼 세상이 바뀌는 것을 보면서 아이들은 민주주의 시스템의 참맛을 느끼게 됩니다. '아하, 우리의 의견이 중요하구나!'

여기서 교사의 역할은 무엇일까요? 저는 한발 물러서서 최대한 나서지 않으려고 노력해요. 학생들이 만들어내는 민주주의의 전개 과정을 그냥 지켜봅니다. 덴마크에서는 친숙하지 않은 야구를 학교 체육대회에서 한번 해보면 어떻겠냐고 교사로서 의견을 낼 수는 있지만, 결국은 학생들이 결정할 일이죠. 우리 학교는 학생들의 교내 활동도 학생들이 결정합니다. 숙제 제출 방식도 학생들이 결정해요. 9학년이 되면 한 가지 주제를 선택해 일주일 동안 공부하는 프로젝트를 진행하는데, 그 결과를 문서로 제출할지 아니면 영상 등 다른 방식으로 제출할지도 스스로 정합니다. 이 모든 것이 다 같은 취지를 갖고 있어요. 학생들이 스스로 선택하는 능력을 기르고 그 선택의 결과를 감내하며 살아나가는 법을 배우는 거죠."

뢴베크는 여러 가지 이유에서 이런 능력을 기르는 것이 중요하다고 말한다. 스스로 선택을 해나갈수록 더 독립적이고 책임감 있는 학생이 된다. 이것이 진정한 역량 강화다. 한 사회에서 건강한 시민이 될 준비를 하는 것이다.

"학생들은 조만간 학교 밖에서 다양한 선택을 하고 그 결과에 책임을 지며 살아가야 합니다. 이런 삶의 과정에 익숙해질 필요가 있죠. 옛날과 다르게 요즘은 선택해야 할 것들이 너무 많아졌어요. '어떤 대학을 갈까? 무엇을 전공할까? 어떤 직업을 가질까?'

현대사회에서 성공하기 위해서는 잘 선택하는 법을 배워야 합니다. 그런데 이 과정에서 또 한 가지 중요한 것을 배워야 해요. 올바른 선택으로 내가 원하는 길을 개척하는 것도 중요하지만 한때 잘못된 선택을 해도 괜찮다는 것을 배워야 합니다. 모든 사람이 한때 잘못된 선택을 하기도 하지만 그걸 털어내고 또 일어나지 않습니까?

가장 중요한 것은 스스로 자신의 길을 선택하고 삶을 관장하는 힘이죠. 스스로 선택하는 데 익숙하지 않으면 어느 날 갑자기 선택을 강요당하는 상황이 생겼을 때 당황하고 압도당할 수 있잖아요. 진짜 무서운 게 뭘까요? 스무 살이 넘었는데도 어느 날 아침에 생각해보니 내 인생에서 스스로 선택해본 적이 별로 없는 경우가 아닐까요? 그동안 부모, 학교, 사회가 만들어준 길을 그저 따라가기만 했다면 조만간 힘든 시기가 찾아올 겁니다. 누구나 어느 순간에는 독립적으로 살아가야 할 수밖에 없어요. 스스로 자기 인생을 관장해야 하는 거죠. 그래서 이런 연습은 일찍 할수록 좋습니다."

학교는 수학이나 영어 같은 과목을 배우기만 하는 곳이 아니다. 학교는 사회의 일부이며 사회의 규칙과 패턴을 반영하는 거울이 되어야 한다. 륀베크는 고학년들과 보드게임을 할 때 그들이 저학년 때보다 한 차원 높은 사회 체험을 할 수 있도록 수업을 진행한다.

"고학년과 보드게임을 할 때는 학교 밖 사회의 쟁점이나 딜레마를 가져옵니다. 6, 7학년이 되면 어느 정도 토론과 발표를 할 줄 알죠. 그래서 서서히 그들의 시야를 넓히는 방식을 시도합니다. 우선 현실 사회에 실재하는 문제를 예로 들고, 민주적인 방식으로 함께 풀어보자고 제안합니다. 이때 나의 역할은 어떤 의견이나 제안에도 귀를 기울이는 겁니다. 아이들이 현행법에 어긋나는 제안을 하거나 거친 말을 하면서 민주적인 대화의 선을 넘었다고 판단되면 간혹 개입할 뿐이죠. 교사로서 나는 일종의 가이드 역할이지 권위주의적인 심판자가 아닙니다. 대화에 참여하지 못하고 주저하는 소극적인 학생들에게 기회를 주는 역할은 가끔 합니다. 모든 학생이 참여할 수 있는 분위기를 만들기 위해서죠. 너무 자신감이 넘치거나 목소리가 큰 학생들을 자제시킬 때도 있어요. 나는 우리 교실이 적극 참가자와 소극 참가자,

참여하고 선택하고 그 속에서 자신들을 둘러싼
세상이 바뀌는 것을 보면서 아이들은 민주주의
시스템의 참맛을 느끼게 됩니다. '우리의 의견이
중요하구나!'

우등생과 열등생으로 갈라지는 것을 원하지 않아요. 모든 학생이 다양한 역할로 일정하게 기여하기를 바랍니다. 모든 학생이 '나의 목소리, 우리의 목소리가 중요하다'는 것을 알아야 해요. 단순히 '모두에게 좋은 분위기'를 조성하려는 것이 아닙니다. 학생들이 '우리 반은 우등생과 열등생으로 나뉘어 있어'라고 생각하는 순간, 서로에게 귀 기울이기를 멈추고 서로를 이해하려고 애쓰지 않을 것입니다."

스칸디나비아 나라에서도 일부 학부모들은 '모두에게 좋은 분위기'를 조성하는 교실에 대해 불만을 제기한다. 자기 아이의 발전을 가로막을까 봐 걱정한다. 우수한 아이들이 뒤처진 아이들을 배려하며 계속 기다려주면 우수한 아이들이 상대적으로 발전의 기회를 빼앗긴다고 생각하는 것이다.

"학부모에게 우리 학교가 '폴케스콜레(Folkeskole, 시민학교)'[10] 즉 '시민 모두를 위한 학교'라는 사실을 계속 강조합니다. 만약 어

---

10 폴케스콜레는 보편적인 교육 복지의 차원에서 만들어졌기 때문에 기본적으로 국공립학교이며 학비도 전액 무료다. 그러나 덴마크 초중등학생의 약 25퍼센트는 프리스콜레(Friskole, 자유학교)라고 불리는 사립형 학교에 다닌다. 프리스콜레는 국공립학교보다 학생 수가 적으며, '집 같은 학교'를 더 강조하고, 국가나 지방정부의 개입 없이 교육과정을 좀 더 자유롭게 운영할 수 있다. 특정 정파나 종교적인 색채를 띠는 것도 가능하다. 프리스콜레의 학비는 국가에서 75퍼센트를 지원하며 학부모가 25퍼센트를 부담한다. 에프터스콜레(Efterskole, 청소년용 인생학교)도 프리스콜레의 한 형태라고 할 수 있다.

면 부모가 자기 아이를 공부 잘하는 학생으로 만들어달라고 하면 나는 이렇게 말할 겁니다. '나는 모든 아이를 위해 최선을 다하지만 교실 공동체를 깨뜨리지 않는 범위 내에서 그렇게 할 것입니다.' 나는 특정한 아이에게만 집중해서 관심을 줄 순 없습니다. 그 아이의 부모가 대기업 회장일지라도 다르지 않아요. 내 아이가 최고이길 바란다면 그것은 축구 시합장이나 음악 경연 대회로 충분해요. 학교와 교실에서는 그러면 안 됩니다. 교실은 공동체이기 때문이죠."

대부분의 덴마크 부모들은 아이를 공립학교에 보낼 때 부모의 사회적 지위에 따른 어떠한 특권도 기대하지 않는다. 공동체의 일원으로서 내 아이와 다른 아이들이 똑같은 대우를 받아야 한다고 생각한다. 그러나 아이들 중에는 이런 환경에 익숙해질 때까지 시간이 좀 걸리는 경우도 있다.

"1학년이 되어 소풍을 갈 때 학생들은 아이스크림을 먹을지 탄산음료를 먹을지 투표로 결정할 수 있습니다. 일종의 민주주의에 대한 훈련인데, 만약 다수가 아이스크림을 먹기 원하면 소수는 그 결정에 따라야 합니다. 이때 꼭 탄산음료가 먹고 싶었던 학생은 잠시 짜증을 내지만 곧 불평을 멈춥니다. 다른 사람의 의견을 고려하고 다수의 의견을 존중해야 한다는 것을 배웠기 때문이죠.

우리 교실에서는 그 누구도 특별 대접을 받지 않습니다. 나는 어떤 학생이든 특별한 대접을 받아서 좋을 게 하나도 없다고 생각합니다. 인생을 살다 보면 어느 시기부터는 그 누구의 도움도 받지 않고 두 발로 스스로 서야 할 때가 있습니다. 그런데 줄곧 특별한 대접을 받으며 살아왔다면, 아무런 도움 없이 온전히 스스로 해나가야 할 때 많은 스트레스를 받을 수밖에 없어요. 나의 목표는 우리 학생들이 9학년을 마치고 졸업할 때 학업 능력을 제대로 갖추는 동시에 자신감으로 충만해지는 것입니다. 학교를 떠나면서 더 배우고 싶은 욕구를 느끼고, 다른 사람을 돕고 배려하는 마음을 가지며, 무수한 선택 앞에서 좋은 결정을 내릴 수 있는 능력을 갖춘다면 좋지 않을까요?"

륀베크는 8학년 수업에서 가끔 간단한 카드게임을 하는데 바로 '젊은이의 권리'에 대한 게임이다. 학생들을 몇 개의 그룹으로 나누고 그룹마다 카드를 몇 장씩 나눠준다. 먼저 한 그룹의 학생이 카드에 적힌 내용을 읽는다. 그러면 다른 학생들이 찬성과 반대 의견을 이야기한다. 카드에는 알코올 문제부터 조력 자살 문제까지 매우 다양한 질문과 주장이 담겨 있어서 열띤 토론이 벌어진다.

토론이 한 바퀴 끝나면 이제는 교사가 제안하는 사안에 대해 서로 의견을 달리하는 학생들끼리 더 깊은 토론을 한다. 륀베크는 카드 하나를 꺼내어 읽는다. '타인의 종교에 대해 공격적인 언사를 한 사람에게 표현의 자유를 제한하는 것이 옳은가?' 학생들은 저마다 의견을 내며 열띤 토론을 한다. 어느 정도 토론이 이뤄지고 나면 륀베크는 다른 카드를 읽는다. '교육을 전혀 받지 않은 사람에게 국민투표권을 주는 것이 옳은가?' 또 다른 카드의 질문에는 사형 제도와 같은 심각한 이슈도 들어 있다.

"이런 게임은 민주주의적인 토론을 배워가는 데 꽤 적합하고 유용합니다. 책 속 문장을 읽거나 단순한 게임을 하는 것과는 차원이 달라요. 학생들은 자기의 의견을 선택하고 적극적으로 개진해야 합니다. 좀 더 실제 생활과 가깝죠. 학생들은 자신의 지식과 의견을 민주주의적인 조건 속에서 펼쳐보게 됩니다. 아주 재밌는 게임이죠."

학생들이 토론을 할 때 륀베크는 보통 뒤로 물러나 지켜본다. 가끔 학생들이 말하는 톤을 지적하거나 게임의 룰을 다시 한번 상기시켜 줄 뿐이다. 이런 교사의 자세는 륀베크가 어린 시절 경험했던 보수적인 교사의 모습과는 한참 다르다.

"학생들이 이런 게임을 할 때 저의 가장 중요한 역할은 계속 '잘했어, 잘했어'라고 말해주는 것입니다. 혹은 이렇게 말하죠. '너는 너의 의견을 말할 권리가 있어.' '우리는 너의 생각이 무엇인지 듣고 싶어.' '너의 목소리가 중요해.' 학생들이 서로 다른 의견을 말하는 것을 두려워해서는 안 됩니다. 그들 모두가 따라야 하는 정해진 틀은 없으니까요.

덴마크 학교가 정말 잘하고 있는 점이 무엇이냐고 묻는다면 나는 '서로 협력을 잘하는 사람들을 양성하는 것'이라고 말하고 싶어요. 초중등학교에서 9년을 보낸 우리 학생들은 남의 말을 경청하고 다른 사람과 협력하는 일을 매우 잘합니다. 이런 노력은 공짜로 이뤄지는 것이 아닙니다. 그렇게 되기까지 학생들의 의견을 들어주고 안내해주는 교사의 역할이 있죠. 학생들은 선생님을 모방해서 자기 주변 사람들을 어떻게 도울 수 있는지 배웁니다. 스칸디나비아 사람들은 세계 여러 나라에서 온 사람들과도 협력을 잘하고 필요하면 타협도 잘하는데, 이 모든 것을 학교에서 배웁니다.

기본적인 지식은 중요합니다. 그러나 솔직히 말해서 대부분의 사람들은 8, 9학년 때 어떤 지식을 배웠는지 기억하지 못해요. 우리가 배운 지식은 잊어버리기 쉽지만 우리가 배운 기량은 영원히 남습니다. '다른 사람과 어떻게 어울리고 행동할 것인가?' 이에 대한 경험과 기량은 우리 안에 고스란히 남는 거죠."

덴마크의 모든 학교에서는 학생들이 학교 운영에 참여하고, 학교 예산을 어떻게 쓸 것인지 의견을 낸다. 쇠후스콜렌에도 1학년부터 9학년까지 각 학급 대표들이 참여하는 학생위원회가 있다. 쇠후스콜렌의 학생위원회는 1학년부터 5학년까지의 학급 대표가 참여하는 저학년 학생위원회와 6학년부터 9학년까지의 학급 대표가 참여하는 고학년 학생위원회로 구성된다. 한국식으로 하면 초등학교 학생위원회, 중학교 학생위원회인 셈이다. 특히 고학년 학생위원회는 학급 대표들이 정기적으로 만나며 학교 운영에도 큰 역할을 한다.[11] 륀베크가 만든 보드게임 중에는 실제 학교생활에서 이뤄지고 있는 '학교 민주주의'에 대한 것도 있다. 그가 몇 해 전에 만든 보드게임은 이 학생위원회의 역할을 반영한 것이다. 학생위원회를 구성하려면 각 학년의 모든 학급마다 대표를 한 명씩 뽑아야 한다. 륀베크는 학생위원회 선거일 바로 전날 고학년 학생들을 모아놓고 하루 종일 이 게임을 한다.

"이 게임을 하면서 나는 학생들에게 이런 메시지를 주고 싶었어요. '학생위원회에 참여할 대표를 뽑는 것은 장난이 아니며 매우 중요한 일이다.' 그래서 학생위원회가 어떻게 구성되고 어떻게 작동되는지를 미리 보여준 거죠. 학생위원회가 어떤 힘을 가지고 있는지, 학교의 민주적 운영에 그 힘을 어떻게 활용해야 하는지 게임을 통해 경험해보는 겁니다. 학생위원회에 참여하면 수업에 빠져도 되니까 그 맛에 학급 대표에 지원하는 학생들

---

11   덴마크의 학교법은 5개 학급 이상을 가진 모든 학교에서 학생위원회를 두도록 규정하고 있다. 모든 학급의 학생들이 직접투표를 통해 한 명의 대의원을 선발하고 이 대의원들이 모여 학생위원회 대표 두 명을 선발한다. 이 두 명은 학교의 최고 권력기관인 학교운영위원회에 학생 대표로 참여한다. 학교운영위원회는 학생 대표와 교사 대표, 학부모 대표, 지역 교육기관 담당자로 구성되며, 학교 운영 전반에 대한 사항들을 결정한다.

이 꼭 있잖아요. 어쩌면 나도 어릴 때 그 맛에 학급 대표를 했는지도 모르죠.(웃음) 이 보드게임을 하고 나면 학생들은 깨닫게 됩니다. '수업에 빠지려고 학급 대표를 맡는 것은 결코 좋은 생각이 아니었어!'"

이 보드게임이 시작되면 뤼베크는 이른바 '딜레마 카드'를 한 장 꺼내들고 큰 소리로 읽는다. "A라는 학생은 학교 가는 것을 싫어한다. 선생님과 충돌이 잦고 학급 분위기를 망치기도 한다. 그런데 학생위원회에 파견할 학급 대표를 선발하는 날 A가 유일하게 자원했다. 수업에 빠지기 위해서 그런 것이다. 그렇다면 여러분은 A를 대표로 뽑을 것인가?"
이 보드게임은 학생위원회가 제대로 작동하기 위해 고민해야 할 10개의 딜레마를 다룬다. 이 게임을 통해서 학생들은 바로 다음 날 벌어질 실질적인 민주주의 과정을 잘 준비하게 된다. 학생들은 스스로 느끼고 깨닫는다. '학생위원회를 장난처럼 여기면 안 되겠네. 학급 대표를 잘 뽑아야겠구나.'

"나는 학생들에게 무엇이 옳고, 무엇이 더 좋은지 말하지 않습니다. 학생들은 딜레마 게임을 하면서 '수업에 빠지기 위해 학급 대표가 되는 것은 좋은 생각이 아니다'라는 결론을 스스로 내립니다. 같은 학생을 연속해서 학급 대표로 뽑는 것도 좋지 않은 생각이라는 데 합의합니다. 단지 인기가 좋다는 이유만으

교실에 민주주의 정신을 가져와야 합니다. 교실
에서 벌어지는 모든 일이 민주주의 방식으로 이
뤄져야 하며 나아가 학교 전체가 민주주의 사회
의 축소판이 되어야 합니다.

로 학급 대표를 뽑으면 안 된다는 것도 깨닫죠.

나는 학생들과 딜레마 게임을 하면서 무엇을 느껴야 한다고 강요하지 않습니다. 학생들이 스스로 생각해보는 시간을 갖기를 바랄 뿐이죠. 그 게임을 한 바로 다음 날, 학생들은 실제로 대표를 뽑게 됩니다. 게임 덕분에 학생들은 매우 진지하게 선거 과정에 임하게 되죠."

이 보드게임은 그 자체로 재밌다. 학생들은 그룹을 나누고 학교 정책을 어떻게 바꿀 것인지에 대한 공약을 발표한다. 흡연, 식단 구성, 핸드폰 사용 등 다양한 정책을 이야기한다. 각 그룹은 10~15분씩 토론 시간을 갖고 다른 그룹에게 공약을 제시한다.

각 그룹은 보드 주위를 돌면서 계속 새로운 도전거리와 맞닥뜨린다. '요즘 교실이 너무 소란스러운데 학생위원회가 이 문제를 어떻게 풀어야 할까?' '입학식 때 교장 선생님이 신입생들에게 서류철(folder)을 하나씩 주려고 하는데 그 속에 무엇을 넣으면 좋을까?' '2030년 미래의 우리 학교를 주제로 짧은 영상을 만든다면?' '교실에서 수업을 받는 학생들을 위해 잠깐 쉬어가는 재미있는 5분 체조를 만든다면?'

이런 게임을 통해 학생들은 실제 생활에서 제기되는 여러 가지 문제들을 어떻게 풀어갈 것인지 함께 고민하는 기회를 갖는다. 이런 연습은 앞으로 구성될 학생위원회에도 도움을 줄 수 있다.

덴마크 학교의 학생위원회는 학교 운영에 깊숙이 개입하고 정기적으로 다양한 제안과 건의를 한다. 쇠후스콜렌의 고학년 학생위원회는 다른 학교들처럼 독립된 사무실이 있고 이곳에서 각종 회의를 진행한다. 이 자리에 교사는 참여할 수 없다. 고학년 학생위원회는 주기적으로 저학년 학생위원회를 만나 의견을 듣는다.

학생위원회는 두 명의 대표를 선출하고 이 두 명이 학교운영위원회의 공식 멤버가 된다. 학교운영위원회는 학부모 대표, 교사 대표, 지역 교육기관 대표, 학생 대표로 구성된다. 학교운영위원회는 교장을 해고하고 새로운 교장을 뽑을 수도 있다. 학생 대표가 공식 멤버로 함께한다는 것은 학생들이 학교 운영에 대한 권한을 가지고 참여한다는 의미다. 덴마크의 많은 직업정치인들이 11~12세부터 이런 학생위원회에서 정치적 경력을 시작한다.

륀베크는 학생들이 학생위원회 활동을 하면서 많은 것을 배운다고 말한다. 첫째, 창의성을 배운다.

"학교 예산은 딱 정해져 있어요. 대체로 풍족하지 않죠. 어떤 문제를 해결하고 개선해야 할 때 돈이 많다면 해법도 간단할 수 있겠죠. 하지만 늘 그렇지 않기 때문에 매우 창의적이어야 합니다."

둘째, 현실성을 배운다. 실현 가능성을 늘 염두에 두어야 한다는 것이다.

"학생위원회에 첫 번째 룰이 있다면 '실현 가능성이 있을 때 프로젝트를 시작하라'는 것입니다. 학생들은 본인들이 어떤 범위 안에서 활동할 수 있는지를 배우고, 그 테두리 안에서 할 수 있는 최선을 다해야 한다는 것도 배웁니다. 이 모든 것이 민주주의에 대한 흥미진진한 체험이죠."

학생위원회 산하에는 학생들이 참여할 수 있는 많은 소위원회가 있다. 예를 들어 환경소위원회는 친환경 학교를 만들기 위해 쓰레기 분리수거에 대한 여러 가지 제안을 한다. 지역 상인들과 함께 일하는 소위원회도 있다. 왕따 방지 캠페인을 벌이는 웰빙소위원회도 있다.

륀베크가 고안한 보드게임을 하면서 학생들은 새로운 소위원회를 제안할 수도 있다. 계속 생겨나는 다양한 소위원회를 통해 학생위원회의 네트워크는 풍성해진다. 이런 과정에서 학생들은 프로젝트 매니저가 된다는 것이 무엇을 의미하는지, 공동체 사람들에게 영향력을 미친다는 것이 어떤 의미인지 배우게 된다.

학교는 거의 매일 다양한 정치적 운동의 무대가 된다. 식당 영양을 담당하는 소위원회 학생들은 한 달에 한 번씩 식당 직원들을 만나 식단에 대해 토론한다. 어떤 때는 학생들이 새로운 메뉴를 요구하는 캠페인을 펼친다. 최근에는 5, 6학년 학생들이 '식당에서 초코우유를 다시 마시게 해달라'는 운동을 벌였다. 학생들은 "초코우유를 돌려달라"는 포스터를 만들어 복도마다 붙이고 교장실 벽에도 붙였다. 결국 학생들은 학교 식당에서 다시 초코우유를 먹을 수 있게 되었다.

학생들의 정치적 운동은 학교 밖에서도 펼쳐진다. 학교 주변에 거주하는 주민들이 "학생들이 쓰레기를 아무 데나 버리면서 어지럽힌다"고 불만을 토로하자 환경소위원회 학생들이 지역 내 담당 기관의 직원을 만나 쓰레기통 배치를 건의했다.

뤼베크는 사회뿐 아니라 음악도 가르치는데 그는 종종 학생들에게 '저항가'를 만들어보라고 권한다. 노래를 통해 자기 주장을 알리는 방법이다. 몇 해 전 덴마크 교육 당국은 학생들의 수업 시간을 늘리는 쪽으로 정책을 바꾸려고 했다. 그러자 뤼베크의 음악 수업을 듣는 몇 명의 학생들이 이 정책에 반대하는 노래를 만들고 오덴세 시내 중심가에 있는 시청 앞에서 합창을 했다.

"학생들이 전부 스스로 해냈어요. 나는 노래를 통해 주장을 하면 더 도움이 될지도 모르겠다는 제안만 했을 뿐이죠. 교육 당국에 이메일을 보내고, 담당자를 만나 설득하는 일까지 학생들이 직접 했어요. 그렇게 해도 일이 됩니다."

물론 선생님이 개입해야 할 때도 있다. 예를 들어 어떤 문제로 학생들이 교사에게 불만을 표시하기 위해 포스터를 부착했는데 그것이 너무 혐오스럽다면? 학생들은 선을 넘은 것이고 교사는 필요한 대처를 해야 한다.

"이런 사례를 통해서도 학생들은 민주주의가 무엇인지 배울 수 있어야 합니다. 그 포스터를 왜 떼어내야 하는지 설명해줘야죠. 그 포스터에 사용된 특정 언어와 삽화에 어떤 문제가 있는지 말해줘야 합니다. 그리고 새로운 포스터를 만들도록 권해야죠. 물론 학생들의 주장은 소중합니다. 학생들에게 자유롭게 주장하되 민주주의적으로 표현하라고 요구해야 합니다. 학생과 선생님들 사이에도 많은 갈등이 있지만 민주주의에 따라 정당하고 합리적인 행동으로 해결해야 합니다."

학생들은 학교의 최고 권력기관인 학교운영위원회를 상대로 정치적인 투쟁을 하기도 한다. 예를 들어 2015년에 있었던 냉수기 사건이 그것이다. 학생들은 학교 급수대의 물이 너무 미지근하자 불만을 제기했다. 찬물을 공급하는 냉수기에 문제가 생긴 것이다. 무더운 여름철이라 불만이 더 컸고 학생들은 학교에 새로운 냉수기를 설치해달라고 요구했지만 학교는 그해 예산이 빠듯하다며 학생들의 요구를 거절했다.

학생들은 새 냉수기가 왜 필요한지 근거를 찾아 나섰다. 최고 학년인 9학년이 중심이 되어 수돗물의 온도를 재고, 고장 난 냉수기로 물을 차갑게 하는 데 얼마나 시간이 걸리는지 체크했다. 냉수기 시스템 불량으로 1년간 얼마나 많은 물이 낭비되는지, 새 냉수기를 사는 데 드는 비용은 언제쯤 다 회수될 수 있는지 조사했다. 그래도 학교 측은 여전히 난색을 표했다.

그러자 학생들은 새로운 제안을 했다. 냉수기 구매에 드는 비용의 절반을 학생들이 직접 벼룩시장을 열어서 마련하겠다고 한 것이다. 교장과 학교운영위원회는 이 제안을 받아들였다.

학생들은 벼룩시장 준비를 시작했다. 일단 집집마다 뿌릴 홍보 전단지를 만들었다. "저희 학생들이 학교의 새 냉수기를 사기 위해 벼룩시장을 엽니다. 안 쓰는 물건이나 안 입는 옷이 있으면 문밖에 놓아주세요. 저희가 수거하겠습니다."

학생들은 주민들이 내놓은 물건과 옷가지를 가져와서 벼룩시장을 열었다. 주민들의 뜨거운 호응에 힘입어 학교 역사상 가장 큰 벼룩시장이 되었다. 결국 학생들은 냉수기 구매 비용의 절반을 마련하는 데 성공했다. 교장 선생님을 비롯한 교사들은 학생들이 무척 대견했다.

하지만 학교운영위원회의 몇몇 위원들은 이런저런 이유를 들어 냉수기 구입을 반대했다. 최종 회의 결과 학생들의 요구는 받아들여지지 않았고, 학생들은 절망했다. 왜 약속을 지키지 않는지, 왜 이런 결정을 내렸는지에 대해서도 성의 있는 답변을 듣지 못했다.

학생들의 불만이 고조되자 륀베크는 학생들에게 물었다. "지금 너희들의 심정을 학교운영위원회 위원들에게 어떻게 보여줄 수 있을까?" 9학년의 한 학생이 보이콧을 제안했다. "지금부터 학생위원회 대표 2인은 학교운영위원회 회의에 일절 참여하지 말자!"

이 보이콧 제안에 학생들이 동의했다. 학생들은 학교운영위원회에 참여하는 학부모, 교사, 지역 교육기관 담당자 앞으로 편지를 썼다.

가장 중요한 것은 스스로 자신의 길을 선택하고
삶을 관장하는 힘이죠. 모든 사람은 어느 순간에
는 독립적으로 살아가야 할 수밖에 없어요. 스스
로 자기 인생을 관장해야 하는 거죠.

"우리 학생위원회는 학교운영위원회 위원들을 더 이상 신뢰하지 않습니다."

학생들은 위원들의 주소를 파악한 뒤 자전거를 타고 동네를 돌면서 집 우편함에 손으로 쓴 편지를 넣었다. 두 시간 뒤 학생 대표를 제외한 운영위원 모두가 학교에 모여 긴급회의를 하고 사과문을 냈다. 그리고 몇 주 후에 새 냉수기가 설치됐다.

"이 운동은 9학년이 주도했지만 다른 학년의 학생들도 많이 동참했어요. 학생들은 자신들이 공정하게 대우받지 못한다고 느꼈고, 바로 행동에 돌입했습니다. 모든 과정은 굉장히 민주적이었어요. 학생들은 이 승리의 경험을 자기 인생 내내 결코 잊지 못할 것입니다."

뢴베크의 말처럼 학교는 민주주의라는 과목을 공부하는 곳이 아니라 민주주의를 실천하는 장이 되었다. 수업 시간에 배운 것이 교실과 학교에서 통하고 더 나아가 사회에서 통할 때 우리는 비로소 참된 교육이라고 말할 수 있지 않을까.

킴 륀베크가
교사에게 건네는 조언

1. 학생들에게 학교가 민주적이라는 것을 보여주고 학생들의 요구에 귀 기울이자. 학생들이 학교 운영과 수업 방식에 영향을 줄 수 있는 존재라는 사실을 알게 하자. 학생들이 교실과 학교에서 벌어지는 일에 대하여 스스럼없이 제안할 수 있는 분위기를 만들자.

2. '민주주의의 기본은 대화'라는 점을 학생들이 명심하게 하자. 학생들이 자신의 일상과 관련된 이슈에 대해 대화할 수 있는 시간과 공간을 확보해주자. 학생들이 대화를 나눌 때는 너무 많이 개입하거나 한쪽으로 유도하지 말자. 대화에 참여하지 못하는 학생이 있거나 일부 학생이 전체를 주도하는 경우, 대화의 내용이 선을 넘거나 민주적으로 진행되지 못하는 경우에만 개입하자.

3. 학생들에게 자신이 속해 있는 사회와 공동체에 대한 권리와 의무를 가르치자. 학생들이 자기 학교와 마을, 지역, 나라, 세계에서 어떤 일이 벌어지는지 관심을 가진다면 그 교육은 성공한 것이다.

세계시민으로 산다는 것

Future citizens of the world

안데르스 슐츠
Anders Schultz

•

고등학교 뤼센스텐 김나시움
Rysensteen Gymnasium

안데르스 슐츠(Anders Schultz)는 42세이며 13년째 교사로 일하고 있다. 현재 코펜하겐 중심부에 있는 고등학교 뤼센스텐 검나시움(Rysensteen Gymnasium)의 정치, 역사 교사이자 '세계시민의식' 프로그램 책임자다. 민주시민에서 한 걸음 더 나아가 세계의 민주시민이 되기 위해 무엇을 준비하고 실천할 것인가를 가르치고 있다. 학생들과 함께 한국에도 여러 번 방문했다.

덴마크를 방문한 외국인들은 자주 놀란다. 덴마크 아이들은 왜 이렇게 영어를 잘할까? 여기에는 몇 가지 이유가 있다. 덴마크는 인구 550만 명의 작은 나라이고 미디어의 수나 규모도 크지 않은데 상대적으로 영어 콘텐츠는 많은 편이다. 덴마크 아이들은 어려서부터 텔레비전을 보면서 자연스럽게 영어를 접한다. 덴마크에서는 미국이나 영국의 텔레비전 프로그램을 방송할 때 덴마크어 더빙을 하지 않는다. 영어 그대로 방송하는 대신 덴마크어 자막을 넣는다. 뿐만 아니라 덴마크 아이들은 어려서부터 영어로 된 만화와 책을 많이 읽는다.

또 다른 이유도 있다. 덴마크의 많은 학교에서는 아이들이 스스로 세계시민이라는 사실을 자각할 수 있도록 다양한 교육을 한다. 덴마크 아이들은 세계가 어떤 도전에 직면해 있는지를 배우고, 세계로 나가 공부하고 일하는 것이 장려된다.

시민의식을 기르는 것, 즉 학생들이 사회로 나가 책임 있는 시민으로 살아갈 수 있도록 준비시키는 것이 덴마크 교육의 핵심이다. 민주주의적인 방식으로 자신의 주장을 펼치는 법을 배우고 상대방을 배려하며 돕는 법을 배운다. 시민의식 교육에 대한 이런 전통은 점차 세계 무대로 확장되었다.

덴마크의 학교에서는 세계시민이라는 관점에서 아이들을 교육한다. 이러한 교육의 목적은 덴마크 아이들이 세계의 변화를 알고 준비하면서, 세계시민으로서 다른 문화권의 외국인들과 원활하게 교류할 수 있도록 하기 위해서다.

세계시민 교육을 가장 야심차게 진행하는 학교는 코펜하겐 중앙역 근처에 있는 고등학교 뤼센스텐 굄나시움(Rysensteen Gymnasium)[12]이다. 이 학교는 '세계시민의식'이라는 프로그램을 고등학교 3년 과정 전체에 적용하고 있다. 안데르스 슐츠(Anders Schultz)는 원래 이 학교에서 정치와 역사를 가르치는데 얼마 전부터 '세계시민의식' 프로그램을 총괄하고 있다.

"우리는 시민의식과 민주주의라는 덴마크의 가치를 세계 무대로 가져가려고 합니다. 이것은 두 가지를 의미하죠. 첫째, 우리 학생들이 세계 속으로 나가서 일할 수 있는 능력을 기르는 것입니다. 나는 우리 학생들이 다른 나라, 다른 문화의 사람들과 어

12　덴마크에는 한국의 외국어고등학교, 과학고등학교 같은 특수목적고등학교가 없으며 엘리트 학생들이 몰리는 학교도 없다. 그러나 뤼센스텐 굄나시움은 위치적으로 코펜하겐의 중심부인 중앙역 근처에 있고, '세계시민의식'이라는 특별한 프로그램을 제공하고 있어 학생들에게 인기가 높다. 덴마크의 모든 고등학교는 입학시험이 없으며 학교 인근에 거주하는 학생을 우선 선발한다. 그러나 예외적으로 뤼센스텐 굄나시움은 약 20퍼센트의 학생을 다른 지역에서 선발한다. 프로그램이 특별하기 때문에 다른 지역 학생들에게도 기회를 준다는 취지다.

울려 일할 수 있고, 세계 무대를 마치 집처럼 편안하게 느낄 수 있도록 자신감을 심어주고 싶어요. 둘째, 우리 학생들이 21세기의 세계가 직면하고 있는 도전들을 두려워하지 않고, 당당히 맞설 수 있는 자세를 갖는 것입니다. 그래서 '가난한 나라, 어려운 사람들을 돕자'는 식으로 한순간의 동정이나 한 번의 실천으로 끝나길 바라지 않습니다. 앞으로 무엇을 하든 국제적 관점을 견지하면서 해나가길 바라죠."

뤼센스텐 귐나시움은 '세계시민의식'을 고등학교 3년 과정 내내 모든 과목에 적용한다. 시작은 이 학교 교장의 문제의식에서 출발했다. "외국에 나가서 공부하는 덴마크 대학생들의 숫자가 왜 줄어들고 있을까?" 덴마크 대학생들이 세계 여러 나라에서 공부하는 것은 오랜 전통이지만 언제부턴가 그 수가 줄어들고 있다. 교장과 슐츠는 그 이유를 분석하기 시작했고 이에 대응하기 위해 '세계시민의식' 프로그램을 기획했다.

뤼센스텐 귐나시움에서는 덴마크의 일반적인 고등학교처럼 국어, 영어, 수학, 미술, 음악 등을 공부한다. 그런데 '세계시민의식' 프로그램을 도입하면서 뤼센스텐 귐나시움에서 가르치는 모든 과목의 수업에는 세계적 관점이 적용되고 있다. 과학 시간에는 기후변화에 대해 배우면서 여러 나라들이 어떻게 대응하고 있는가를 논의한다. 역사 시간에는 유엔과 난민 문제를 다루면서 현대 세계사 속에서 난민 문제가 어떻게 변해왔는가를 살펴본다. 수학 시간에는 2008년

학생들은 스스로 큰 결정을 내리고 책임지는 법
을 배워야 합니다. 인생이라는 긴 여정에서 학생
들이 줄곧 긴요하게 써먹을 수 있는 자신감을 심
어주기 위해 우리 교사들은 늘 노력합니다.

세계 금융 위기가 어떻게 발생했는가를 조사하고 이것이 전 세계적인 불평등과 어떻게 연관되어 있는지를 토론한다. 또 수학을 이용해서 소셜 미디어의 세계를 파악하고, 가짜 뉴스 생산자들이 어떻게 통계를 조작하는지 사례를 통해 분석한다.

학생들은 외국 문화를 분석하는 데도 많은 시간을 할애한다. 예술 시간에는 다른 나라의 영화, 그림, 건축물을 분석한다. 음악 시간에는 그 나라의 전통음악을 들어보고 가사도 분석해본다. 뤼센스텐 큄나시움은 기존 과목 외에 10개 과목을 추가로 개설했다. 그중 하나가 '문화적 이해'다. 슐츠는 "세계시민의식 교육에는 세 가지 단계가 있다"고 말한다.

"첫 단계는 지식입니다. 세계에서 벌어지고 있는 다양한 사안과 도전에 대해 배웁니다. 두 번째 단계는 분석력입니다. 서로 다른 문화가 만나서 일어나는 현상에 대해 이해하는 능력을 키웁니다. 세 번째 단계는 실천하는 힘을 기르는 것입니다. 이런 교육을 통해서 '우리가 더 나은 세계를 만들 수 있다'는 마음, 실천하기 위한 지식, 이해하고 분석하는 능력을 갖길 바랍니다. 세계에서 무슨 일이 벌어지는지 모르고, 세계의 복잡한 사안들을 분석하는 능력을 기르지 못한다면 더 나은 세계를 위한 실천은 불가능합니다.

우리 학생들은 앞으로 살아가면서 다른 문화권의 외국인들을 많이 만날 수밖에 없어요. 그런 만큼 다른 나라 사람들이 왜 그런 방식으로 생각하고 말하고 생활하는지를 이해해야 합니다. 세계는 점점 긴밀하게 연결될 것이고 학생들은 여기에 대응해 나갈 수 있어야 합니다."

슐츠에게 이러한 교육은 새로운 것이 아니다. 덴마크 교육의 오랜 전통을 확장하는 일이다. 덴마크 교육이 지난 수백 년간 강조해온 시민의식, 책임감, 자기 주도성을 세계 무대에 적용하는 것이다.

"시민의식은 단순히 선거 때 투표하는 행위를 넘어서는 중요하고 심오한 개념이죠. 민주주의 사회에서 어떻게 한 명의 시민으로 살아갈 것인가를 배우는 일은 공동체의 다른 사람들과 관계 맺는 법을 배우는 일입니다. 다른 사람의 의견에 귀 기울이고, 가장 많은 지지를 받은 의견을 존중하는 법을 배우는 거죠. 이처럼 덴마크 교육에서 강조해온 오랜 전통을 세계 무대로 확대하여 적용한 것이 바로 세계시민의식 교육입니다. 세계 무대에서 우리 아이들이 좋은 영향력을 펼치고 성공하기 위해서는 이런 교육이 꼭 필요합니다."

슐츠는 글로벌 기업들도 미래의 경영자를 뽑을 때 이런 가치와 능력을 지닌 인재를 원할 것이라고 말한다. 국제 무대에서 성공하려면 영어 어휘를 많이 알거나 어떤 주제에 대한 지식이 많다는 것만으로 충분하지 않다는 것이다. 우리 주변에서 복잡하게 벌어지는 일들을 분석해내는 능력, 그리고 자신감과 실천하는 힘이 필요하다는 것이다.

"이런 능력을 가진 사람은 세계 정치 무대뿐 아니라 경제계에서도 매우 필요합니다. 많은 기업들이 바뀌고 있어요. 전에는 사장이 지시한 대로, 회사의 상명하복 체계에 따라 움직였다면 지금은 독립된 소규모 팀들이 스스로 결정하고 실행하는 방식으로 변하고 있어요. 다수의 연구 결과들은 이러한 팀 운영 방식이 혁신에 좋다고 말하는데, 사실 덴마크의 직장인들은 전부터 이렇게 일해온 것으로 유명합니다.

이런 조직에서는 결정이 매우 빨리 이뤄지죠. 여러 간부들의 결재를 거쳐서 이뤄지는 것이 아니라 그 사안을 가장 잘 아는 직원들이 직접 처리하기 때문입니다. 사장은 직원들을 믿고, 직원들은 스스로 내린 결정에 자신감을 갖는 직장 문화가 있기에 가능하죠. 이런 문화는 덴마크라는 나라의 전통이나 문화이기도 하지만 학교교육에 의해 길러진 능력이기도 합니다.

시민의식에 대해 공부할 때, 공동체와 개인의 의무를 공부할 때, 학생들은 자연스럽게 회사에서 가장 필요로 하는 능력도 함께 배우게 됩니다. 그것은 많은 지식의 습득과는 무관합니다. 학생들의 마음속에서 이런 외침이 일어나게 해야 합니다. '나는 할 수 있어! 나는 세상을 더 좋게 바꿀 수 있어!'

학생들은 스스로 큰 결정을 내리고 책임지는 법을 배워야 합니다. 그것은 상당 부분 자신감에서 나오죠. 인생이라는 긴 여정에서 학생들이 줄곧 긴요하게 써먹을 수 있는 그 자신감을 심어주기 위해 우리 교사들은 늘 노력합니다."

'세계시민의식' 프로그램의 첫 번째 단계는 세계 무대에서 벌어지고 있는 사안들을 파악하고, 서로 다른 다양한 문화를 배우는 것이다. 이를 위해 뤼센스텐 귐나시움은 학생들이 입학할 때 독특한 반 편성을 한다. 반마다 그 반의 파트너 나라가 정해지는데, 12개의 반에는 한국, 중국, 미국, 러시아, 아르헨티나, 아이슬란드 등의 파트너 국가가 있다. 학생들은 다른 나라에 대해서도 두루 배우지만 자기 반의 파트너 나라에 대해서는 과목 수업과 연계해서 특별히 더 공부를 한다.

예를 들어 한국반 학생들은 역사 시간에 한국전쟁과 일제강점기에 대해 공부한다. 예술 시간에는 한국의 문학작품을 읽거나 케이팝을 듣는다. 한국반의 목표는 한국의 사람, 문화, 정치에 대해 전문가가 되는 것이다.

3학년이 되면 파트너 나라를 2주간 방문한다. 거의 모든 3학년 학생이 참여하는데 비용은 각 가정에서 부담한다. 그동안의 수업과 공부는 이 여행을 위한 준비이기도 하다. 학생들은 여행을 위해 오랜 시간 동안 준비한다. 문화적 차이와 언어 장벽을 어떻게 극복할 것인지 토론한다. 슐츠는 이런 세계시민 교육을 통해 학생들이 좀 더 긍정적인 사고방식을 갖게 되길 바란다.

"많은 젊은이들이 미래에 대해 비관적인 시각을 가지고 있어요. 그들이 무수한 도전에 직면해 있는 것은 사실이지만, 역사를 돌이켜보면 이전 세대보다는 쉬운 길을 가고 있어요. 30년 전에 비하면 세계는 여러 면에서 전반적으로 상당히 좋아졌으니까요. 우리는 부정적인 것에 더 주목하는 경향이 있지만 관점을 바꾸면 많은 것이 달라질 수 있습니다.

'내가 노력하면 세상을 멋지게 바꿀 수 있다'는 사실을 우리 학생들이 알아야 합니다. 이런 생각을 하면 자극이 되어 공부든 일이든 더 열심히 할 수 있어요. 우리가 살아가는 세상에 대해 책임감을 느끼고 행동하는 아이를 길러낸다는 것은 그저 한두 개의 교과목을 잘 가르친다고 해서 되는 일이 아닙니다. 그것은 학교에서 이뤄지는 모든 활동의 결과라고 할 수 있어요."

아이들이 이런 긍정적인 사고와 함께 강한 책임감을 가지려면 어른과 선생님을 어려워하지 않고 눈치 보지 않으며 자기 주도적이고 비판적으로 사고할 수 있는 문화가 보장되어야 한다. 슐츠는 덴마크 교육 문화가 이 점에서 탁월하다고 말한다.

"덴마크 아이들은 유치원에 다닐 때부터 권위에 도전하는 것이 장려됩니다. 덴마크 교사들은 끊임없이 학생들에게 말하죠. '선생님의 어떤 말도 당연하다고 생각하지 말고 스스로 생각하는 힘을 길러야 해요.' 그래서 고등학교에 입학할 정도가 되면 이

책임감을 느끼고 행동하는 아이를 길러낸다는 것
은 그저 한두 개의 교과목을 잘 가르친다고 해서
되는 일이 아닙니다. 그것은 학교에서 이뤄지는
모든 활동의 결과라고 할 수 있어요.

미 독립적으로 사고하는 데 익숙해져 있습니다. 나는 교사들이 학생들을 대할 때 그들을 '젊은 어른'으로 바라봐야 한다고 생각합니다. 학생들은 자기 의견을 가질 권리가 있고 스스로를 돌볼 수 있는 '젊은 어른'이에요. 우리 교사들은 학생이 예의를 지키며 자기 나름의 주장을 펼칠 때 당연히 존중해야 합니다. 한 명의 시민으로 대접하며 존중해야죠. 그래야 우리 학생들도 한국이나 중국, 미국 등 다른 나라에 가서 그 나라의 시민들을 존중하지 않겠습니까?"

교사가 학생을 '젊은 어른'으로 대한다는 게 말은 쉽지만 제대로 실천하기는 쉽지 않을 듯하다. 슐츠는 그래서 '절묘한 균형'[13]이 필요하다고 말한다.

"덴마크에서도 교사가 학생들을 '젊은 어른'으로 대접하는 것이 쉽지만은 않습니다. 왜냐면 학생들을 존중하고 대우하면서도 여전히 교사로서의 일정한 권위도 유지해야 하기 때문이죠. 언제

---

13 '절묘한 균형(Tricky Balance)'은 이 책에서 여러 번 언급된다. 슐츠는 덴마크 현대 교육의 역사가 '절묘한 균형을 찾아가는 과정이었다'고 말한다. 교사와 학생의 관계에서도 '학생에게 어느 정도의 자유를 줄 것인가' '교사가 어느 정도의 권위를 유지하고 지도할 것인가' 등을 두고 많은 논의가 제기되었다. 학생에게 자유를 누리게 하는 한편으로 교사의 권위를 유지하는, 이 매우 어려운 '두 마리 토끼 잡기'가 '절묘한 균형'이라고 할 수 있다. 7장 '학교 그만 다닐까?'에서는 학생들이 스스로 진로를 모색하는 힘을 키우는 것과 동시에 교사가 바람직한 방향을 권하는 것을 이야기할 때 '절묘한 균형'이라는 표현이 등장한다.

나 이 둘 사이에서 절묘한 균형을 유지하는 것이 필요합니다."

슐츠는 뤼센스텐 컴나시움에서 하고 있는 세계시민 교육이 다른 나라에도 전파되길 바란다. 각 나라의 역사적, 문화적 환경은 다르지만 세계시민 교육이 지향하는 핵심 가치는 충분히 접목시킬 수 있기 때문이다.

"물론 한국이나 중국, 미국 등 다른 나라들과 덴마크는 문화가 다르죠. 그러나 자기 나라의 고유한 문화와 체계를 일정하게 유지하면서도 우리가 하고 있는 세계시민 교육의 핵심 가치를 충분히 접목시킬 수 있다고 생각합니다. 학생들을 독립적이고 자기 주도적인 사람으로 길러내는 것, 좀 더 비판적인 사고를 할 수 있게 교육하는 것, 자기 생각을 가진 사람으로 성장시키는 것. 이를 위해 학교는 딱딱한 상하 관계와 권위적인 체계에 적절한 변화를 줄 필요가 있습니다. 이런 변화를 주면 학교가 매우 건강해지죠. 학교뿐 아니라 정부나 기업도 더 건강해집니다."

뤼센스텐 컴나시움이 진행하는 세계시민 교육의 '꽃'은 바로 학생들이 파트너 나라를 방문하는 것이다. 학생들은 3학년이 되면 파트너 나라를 약 2주 동안 방문한다. 파트너 나라에는 파트너 학교가 있는데, 한국반 학생들은 서울의 상암고등학교, 구리시의 인창고등학교를 방문했다. 뤼센스텐 컴나시움 학생들은 파트너 학교 학생의 집에서 일주일간 머물면서 새로운 세계를 체험한다. 함께 밥을 먹고 학교에 가고 수업을 듣는다.

모든 학생이 다 그렇지는 않지만 외국의 낯선 현지 가정에서 생활하다 보면 '문화 충격'을 겪는 학생들이 있다. 스스로 열린 마음을 갖고 있고 다른 문화에도 흥미가 있다고 생각했는데, 막상 너무나 다른 가치와 규범에 맞닥뜨리게 되면 당황해서 어쩔 줄 모른다.

그렇지만 학생들은 이 낯선 상황에 적응해야 한다. 일주일 동안 다른 곳으로 갈 수도 없고 아무 말 없이 가만히 있을 수도 없다. 어떻게든 함께 어울리며 지내야 한다. 바로 이런 상황에 대비하여 뤼센스텐 귐나지움 학생들은 평소 수업 시간에 '어떻게 외국인과 잘 어울릴 수 있을까?'를 주제로 많은 대화를 나눈다. 나와 다른 관점을 가진 사람과 어떻게 대화하면 좋은가? 남의 이야기를 들을 때 어떤 자세가 필요한가? 상대에게 나의 존중을 보여줄 수 있는 방법은 무엇인가?

"홈스테이를 하면서 다른 문화를 가진 사람들과 함께 생활해보는 것은 매우 가치 있는 배움입니다. 요즘은 외국인들과 교류하는 일이 매우 빈번해졌습니다. 젊은이들은 이미 온라인을 통해 다른 나라 사람들과 다양한 관계를 맺고 있어요. 그러다 보면 다른 문화권의 사람들과 교류하는 분야에서 다양한 직업을 갖게 될 가능성도 높아지겠죠. 꼭 외국에 나가지 않는다 하더라도 다른 문화를 가진 사람들과 잘 어울리는 법을 아이들이 알고 있으면 앞으로 하는 일에 큰 도움이 될 수 있어요."

파트너 나라를 방문하고 돌아오면 다 같이 경험을 공유하는 시간을 갖는다. 여행 기간 동안 쟁점이 된 문제들을 토론하고, 계획대로 되지 않은 문제들이 있다면 그 원인과 이유가 무엇인지 되돌아본다. 무엇이 오해를 불러 일으켰던 것일까? 만약 다르게 대응했다면 어떤 결과가 나왔을까?

논의가 정리되면 발표회를 연다. 자신의 경험을 4분짜리 영상으로 만들어 반 친구들과 공유한다. 이때는 파트너 나라에 관심이 있는 외부인들도 초대한다. 정치인, 언론인 등을 초청하고 함께 소감을 나눈다. 슐츠는 파트너 나라 체험이 학생들을 엄청나게 성장시킨다고 말한다.

"파트너 나라에 다녀오면 학생들은 긴장과 피곤에 지쳤는지 나가떨어집니다.(웃음) 그래도 그 과정에서 스스로 많이 성장했음을 느끼죠. 무엇보다 상황을 어떻게 돌파할 것인지를 배우게 됩니다. 어떻게 인사를 건네야 할지도 모르는 상황에서 낯선 가정으로 들어간다는 게 쉽지 않은 일인데, 결국 해내지 않았습니까? 일주일 내내 크고 작은 결정을 스스로 한다는 것은 매우 어렵고 피곤한 일입니다. 하지만 그 과정을 잘 마치고 나면 학생들은 매우 큰 자부심을 갖게 되죠. 그들은 도전을 선택했고 그속에서 함께 성장한 거예요. 특히 교실에서 공부에 뒤처져 있던

학생들은 자기 의견을 가질 권리가 있고 스스로를 돌볼 수 있는 '젊은 어른'이에요. 우리 교사들은 학생이 예의를 지키며 자기 나름의 주장을 펼칠 때 당연히 존중해야 합니다.

아이들은 더 큰 자부심을 가집니다. '나도 할 수 있구나!' '내 인
생에서 무언가 스스로 해내야 하는 일이 생긴다면, 그것도 잘할
수 있을 거야!'"

뤼센스텐 큄나시움은 파트너 나라들의 학생들을 코펜하겐으로 초
청하기도 한다. 마찬가지로 이들은 일주일간 덴마크 가정에서 생활
한다. 연말에는 모든 파트너 나라 학생들과 뤼센스텐 큄나시움 학
생들이 코펜하겐에 모여 모의 유엔 회의를 여는 등 외교에 대해 배
우고 경험한다. 저녁에 모여 큰 파티를 열고 작별의 정을 나눌 때는
많은 학생들이 눈물을 흘린다.

슐츠는 매년 각국의 학생들이 '함께 흘리는 눈물'을 보면서 감동한
다. 그리고 세계가 지금보다 더 나아질 수 있다는 기대를 품는다. 함
께하는 세계시민 교육을 통해 더 나은 세계를 만들어갈 미래 일꾼
들을 길러내고 있으니 말이다.

안데르스 슐츠가
교사에게 건네는 조언

1. 시민의식 교육을 바로 시작하자. 학생들에게 세계시민으로서의 책임감이 왜 중요한지 느끼게 하자. 우리의 의견과 실천이 함께 사는 공동체에 매우 중요하다는 사실을 깨닫게 하자.

2. 다른 문화의 사람들과 만났을 때 어떤 경험을 했는지 서로 이야기를 나누자. 우리 아이들이 자신의 주장을 당당히 펼치면서도 상대의 말을 존중하며 듣는 사람이 되게 하자.

3. 21세기의 세계가 직면한 과제와 도전들에 대해 토론하자. 그 해결에 기여하기 위해 우리 학생들이 무엇을 할 수 있는지 알게 하자.

선생님,
엄마, 친구

Teacher, mother, friend

메테 페테르센

Mette Petersen

•

초중등학교 릴레방 스콜레

Lillevang Skole

메테 페테르센(Mette Petersen)은 47세이며 20년째 교사로 일하고 있다. 코펜하겐 북부에 있는 초중등학교 릴레방 스콜레(Lillevang Skole)에서 7, 8, 9학년을 가르쳤으며, 현재는 알레뢰드(Allerød)에 있는 초중등학교 알레뢰드 프리바트스콜레(Allerød Privatskole)에서 일하고 있다. 2017년 덴마크 언론사 폴리티켄이 선정한 '훌륭한 교사상'을 받았다.

"잘 지내니?"

"혹시 무슨 문제 있어?"

"어떻게 하면 좀 더 기분이 나아지겠니?"

메테 페테르센(Mette Petersen)은 학생들에게 늘 이 세 가지 질문을 던진다. 교사인 페테르센은 10대들과 함께 지내다 보니 상담가의 역할을 겸하기도 한다.

초중등학교에서 20년째 교사로 일하고 있는 그는 집처럼 편안한 교실을 추구하고 엄마같이 친근한 선생님으로 통한다. 그래서 '메테 맘(Mette Mom)'이라는 별명을 가지고 있다. 덴마크의 학교에서는 담임 교사가 학생들과 친밀한 관계를 갖는 것이 매우 중요하다. 교과목을 가르치는 역할뿐만 아니라 담임으로서 자기 반 아이들이 잘 지내고 있는지 늘 신경 써야 한다.

특히 한국의 중학교 1학년에 해당하는 7학년 담임을 맡을 때는 이런 역할이 매우 중요하다. 이 나이의 학생들은 사춘기로 접어들면서 신체적 변화를 경험하고 학급 분위기를 역동적으로 바꿀 수 있기 때문이다. 갑자기 학교에 나오는 것을 힘들어하는 학생도 있다. 공부

에 흥미를 잃거나 친구, 가족과 싸우기도 한다. 쉽게 우울해지기도
하고 그냥 앉아서 허공을 쳐다보며 많은 시간을 보내기도 한다. 그
럴 때 '메테 맘'은 학생을 앉혀놓고 이 세 가지 질문을 던진다.

어떤 경우엔 빠른 대처가 필요할 때도 있다. 만약 어려움에 처해 있
는 10대가 어떠한 도움도 받지 못한다면 학교생활이 힘들어질 것이
고, 그 영향이 상당 기간 지속될 수 있는 것이다. 그러다 보면 학교
를 졸업하지 못할 수도 있고 잃어버린 자신감을 회복하는 데 많은
시간이 걸릴 수도 있다.

덴마크의 많은 담임 교사들처럼 페테르센은 학생들이 겪는 어려움
을 사전에 발견하기 위해 정기적으로 대화를 한다. 학생과 일대일
로 만나 공부 외적인 일들에 대해 이야기를 나눈다. 어려움에 처해
있다고 판단되는 학생과는 매주 대화의 시간을 갖는다. 물론 학부
모들과도 만난다.

매주 한 번은 45분씩 같은 반 학생들이 모두 참여하는 학급회의를
연다. 더 좋은 학급 분위기를 만들기 위한 것인데 덴마크뿐 아니라
스칸디나비아 나라들이 공통적으로 갖고 있는 학교 전통이다. 페테
르센은 학급회의에서 모든 학생이 자신의 생각과 감정을 나누도록
권장한다. 이럴 때 그는 자신이 선생님이라기보다는 치료사 같다는
생각을 한다. 그는 "좋은 담임이 되려면 일단 아이들을 잘 알아야
한다"고 말한다.

　"우리는 아이들을 진정으로 알아야 해요. 아이들이 어떤 사람이

가장 중요한 것은 자신감과 자부심이죠. 스스로를 쓸모 있는 사람이라고 여기는 마음, 자신을 사랑하는 마음이 중요합니다. 그것만 있으면 나머지는 다 따라옵니다.

고 지금 어떤 문제를 고민하고 있는지 알아야 합니다. 한 명의 교사가 아니라 학생들의 삶 속에서 함께하는 사람이 되어야 합니다. 나는 수업이 시작되면 교실로 들어가서 몇십 분 동안 수업을 하고, 수업이 끝나면 그냥 걸어 나오는 그런 사무적인 선생님이 되고 싶지 않아요. 나는 우리 학생들과 인간적으로 가깝고 친밀한 관계를 맺고 싶어요. 이런 관계가 형성되면 아이들이 잘 지내고 있는지 파악할 수 있고 무엇보다 교사인 내가 훨씬 더 수업을 잘하게 됩니다."

어떤 학생이 힘든 상태에 놓여 있으면 페테르센은 우선 하나의 목표를 설정한다. 그 학생을 매일 아침 학교에 나오게 하는 것이다. 아프다는 핑계를 대면서 학교에 빠지기 시작하면 상황은 계속 나빠진다.

매주 한 번 열리는 전체 학급회의는 그래서 중요하다. 일종의 '주간 치료 회의'인 셈인데 한 주간 제기된 문제들을 모두 쏟아놓고 함께 논의하다 보면 문제가 심화되기 전에 대응하기가 훨씬 쉬워진다. 학급회의에서 페테르센이 학생들 사이의 갈등이나 다른 문제를 제기할 때 학생들은 자신의 교실이 안전하다는 생각을 하게 된다. 이럴 때 교실은 문제가 확대되는 곳이 아니라 해결하는 곳이 된다. 학생들은 자신이 어떤 문제를 안고 있든 학교를 멀리하지 않고 매일 나올 때 해결책을 찾을 수 있다는 사실을 깨달아야 한다.

"공부 잘하는 아이들만 학교에 오는 것이 즐겁다면 과연 그게 맞는 걸까요? 교실은 모든 학생을 반겨주는 공간이 되어야 합니다. 덴마크의 모든 담임 교사와 교과목 교사들이 가장 중요하게 생각하는 지점이죠. 모든 학교에는 여러 가지 문제가 있어요. 아이들은 서로 싸우기도 하고 스트레스에 민감하며 우울증에 걸리기도 해요. 우리가 아이들의 모든 문제를 다 해결할 수는 없지만 적어도 선생님한테 사랑받고 있고 환영받고 있다는 생각이 들게 해줘야죠. 부모와 교사가 똑같이 그런 역할을 해야 합니다. 좋은 관계를 형성하면서 아이에게 얼마나 관심이 있는지를 보여주는 거죠.

나는 아이들의 공부와 수업 상태도 점검하지만 그들의 개인적인 발달에도 신경을 쓰고 있어요. 관계의 차원은 매우 다양할 수 있지만 학생과 교사는 어떤 일이든 함께하는 사이가 되어야 합니다. 학생들이 교실에서도 집 같은 편안함과 안정감을 느낄 수 있어야 하니까요. 학부모들은 내가 이렇게 아이들과 충분히 대화하는 것을 정말 고마워하죠. 나 자신도 어떤 때는 내가 거의 부모 역할을 하고 있다고 느낍니다."

덴마크의 교사들은 자신이 하는 일을 이야기할 때 '선생님' 혹은 '가르치는 사람'이라는 표현을 잘 사용하지 않는다. 공부는 학생이 스스로 알아서 하는 것이고, 교사는 옆에서 도우면서 안내하는 역할을 하기 때문이다. 스칸디나비아 나라의 교사들은 다른 나라에서처럼 권위 있는 존재가 아니다. 더구나 7학년 학생들은 이미 10대이고 성인을 모방하며 어른처럼 굴기 때문에 이런 아이들에게 선생님은 상담가가 되기도 하고 비밀을 털어놓을 수 있는 사람이 되기도 한다. 이때 선생님 역시 자신의 이야기를 학생들에게 스스럼없이 할 수 있어야 하는데 일부 선생님들은 아직 이런 관계를 힘들어한다.

"나는 학생들에게 내 이야기를 많이 하는 편이에요. 남편이나 아들에 대해서도 말하고 여가 시간에 무엇을 하며 지내는지도 말해요. 학생들은 내가 어떤 종류의 사람이고 무엇에 가치를 두고 있는지를 알아요. 7학년 학생들은 내가 아들 이야기를 할 때마다 공감하곤 해요. 같은 또래라서 그런지 내가 아들에 대해 불평하면 이렇게 말하죠. '우리 엄마와 똑같이 말씀하시네요!' 내가 개인사를 자세히 이야기하면 학생들도 나에게 그렇게 합니다. 일상에서 씨름하고 있는 개인적인 문제들을 털어놓는 거죠. 나는 학생들에게 내 교무실 문은 항상 열려 있다고 말해요. 학생들은 필요할 때마다 언제든 나를 찾아와서 만날 수 있어요. 마음이 아플 때도 부모님과 싸웠을 때도 언제든 오면 됩니다. 내가 아이들에게 관심이 있다는 것을 보여주면 아이들은 고마워하고 스스로 존재감을 느끼죠. 모든 10대는 자기를 알아봐주길 바라거든요. 그렇게 해달라고 소리치지 않을지라도 말이죠."

교사와 학생은 어느 정도 친밀한 관계를 형성해야 할까? 물론 적당

한 경계선은 필요하다. 학생이 선생님과 지나치게 친밀해진 나머지 선생님을 존경하지 않으면 곤란하다. 선생님은 학생과 친구가 될 수도 있지만 그 전에 선생님이라는 사실을 잊으면 안 된다. 학생은 선생님이 제시하는 룰을 결국에는 따라야 한다.

하지만 페테르센은 위험을 감수하고라도 학생들과 더 친밀해지기 위해 노력한다. 때때로 한계선을 다시 그으며 시작하더라도 말이다. 너무 친밀하면 위험할까 봐 아예 거리를 두는 것보다는 이 방법이 훨씬 낫다고 믿는다.

페테르센은 교사와 학생들 사이에 친밀감이 형성되면 학습 분위기가 살아나는 것은 물론이고 시험 성적도 좋아진다고 말한다. 일주일에 몇 시간씩 수업 외적인 사회 이슈들을 함께 토론할 정도로 좋은 관계를 유지하면 아이들의 전반적인 학습 능력이 자연스럽게 향상된다는 것이다.

"학생들이 교실에서 안정감과 자신감을 느끼지 못하면 공부와 수업을 잘 해내기가 힘들어요. 내가 학생들과 일대일로 만나 좋은 관계를 유지하는 데 쓰는 시간은 교육을 위한 일종의 투자라고 확신합니다. 좋은 관계를 형성해두면 선생님에게 반항하거나 맞서지 않을 거예요. 나는 수업 시간에 그 차이를 느끼곤 합니다. 내가 자기들을 돌봐준다는 걸 아니까 아이들도 수업 시간에 진정성을 가지고 최대한 집중합니다.

선생님에게 친근감을 갖고 있으면 실수하는 것이 덜 두렵고 스

아이들을 진정으로 알아야 해요. 아이들이 어떤
사람이고 지금 어떤 문제를 고민하고 있는지 알
아야 합니다. 한 명의 교사가 아니라 학생들의 삶
속에서 함께하는 사람이 되어야 합니다.

스럼없이 질문도 할 수 있지 않을까요? 나는 그러기를 바랍니다. 창의적인 학생, 자신감을 가지고 참여하는 학생, 말하는 것을 주저하지 않는 학생이 되었으면 좋겠어요. 대부분의 교사들이 진심으로 바라는 것도 교실에서 이런 학생들과 함께하는 것 아닐까요?

교사가 학생을 한 명의 사람으로 대하면서 관심을 갖고 좋아해 준다는 것은 그 아이의 다른 면도 바라볼 준비가 되어 있다는 뜻이죠. 수학을 얼마나 잘하는지, 역사를 얼마나 잘 외우는지 같은 공부적인 측면 말고 그 아이의 다른 재능에도 주목하는 거죠. 아이들은 정말 다양한 재능을 가지고 있어요.”

페테르센은 교실에서 단 한 명의 학생이라도 스스로 존재감을 느끼지 못하거나 주눅 드는 일이 없도록 신경을 많이 쓴다. 그래서 과목 간의 벽을 허물어가면서 아이들이 다양한 재능을 발휘하게 한다.

“우리 반에 공부는 잘 못하지만 체조는 아주 잘하는 아이가 있어요. 나는 건강에 대한 프로젝트 수업을 하면서 그 학생을 적극적으로 참여시켰어요. 좋아하는 스포츠를 주제로 발표할 기회를 준 거죠. 노래나 연설을 잘하는 학생이 있다면 교사는 그 학생이 자신의 재능을 최대한 발휘할 수 있도록 도와줄 의무가 있다고 생각합니다. 가르치는 과목과 전혀 연관이 없어 보이는 재능일지라도 반 친구들에게 선보일 기회를 주는 것은 의미가

있어요. 그렇게 하면 그 학생도 수업 시간에 기여했다는 긍정적
인 느낌을 가질 수 있죠. 자신감이 생길 겁니다. '그래, 나도 쓸
모가 있어!'

성적으로 치면 그들은 최고가 아닐지도 모르죠. 하지만 '나도
이 사회에 기여할 수 있다'는 긍정적인 마음을 가져야 합니다.
이런 마음이 그들에게 목적의식을 만들어주고 교실 분위기를
훨씬 더 좋게 만듭니다. 우리 반 학생 그 누구도 '나는 무시당하
고 있어. 나는 쓸모가 없어'라는 생각으로 하루를 보내서는 안
됩니다. 모든 아이가 공동체의 당당한 일원이라고 느낄 수 있
게 나는 종종 등교하는 학생들과 일일이 악수를 하거나 포옹을
합니다. 나는 아이들을 자주 껴안아줘요. 물론 그들이 허락하는
한에서요.(웃음)"

덴마크의 학교에서는 8학년이 될 때까지 점수와 등수를 매기지 않
는다. 교실이 우등생과 열등생이라는 두 개의 그룹으로 나뉘는 것
을 방지하기 위해서다. 성적을 매기지 않아도 학생들은 우리 반에
서 누가 수학을 잘하고 누가 야구를 잘하는지 다 알고 있다.

학생들이 서로 경쟁하는 것은 허용되어야 한다. 그러나 경쟁에는
나쁜 경쟁이 있고 좋은 경쟁이 있다. 나쁜 경쟁은 오로지 잘하는 학
생에게만 도움이 된다. 반면 좋은 경쟁은 모든 학생에게 동기를 불
러일으키고 뒤처진 학생도 잘할 수 있게 도와준다.

"좋은 경쟁은 교실 안에 건강한 분위기가 형성되어 있을 때 가능합니다. 모든 학생이 '우리 반 분위기를 좋게 만들자'는 생각을 가지고 있으면 성적이 뛰어난 학생은 다른 학생의 롤 모델이 될 수 있어요. 나는 어떤 학생이 얼마나 성적이 좋은지 어디에도 공개하지 않아요. 우리 반에서 누가 잘하고 누가 못하는지를 계속 공지하는 게 교사인 내가 할 일은 아니니까요. 물론 숙제를 내주고 서로 채점하게 한 뒤 앞서가는 학생에게 뒤처진 학생을 가르치며 도와주라고 할 수는 있어요. 이 방법은 뒤처진 학생에게 안정감을 줍니다. '어렵다고 해도 되는구나. 잘하지 못해도 괜찮구나. 항상 누군가가 나를 도와줄 수 있구나.' 학생들이 서로를 도와줄 때마다 나는 아낌없이 칭찬합니다. '우리가 같은 반이라서 정말 행운이지 않니? 서로 돕고 격려해주는 이런 멋진 친구들과 한 반이라서 얼마나 큰 축복인지 모르겠어.'"

페테르센은 학생들과 친밀한 관계를 형성하고 있기 때문에 학생들이 학교 밖에서 무엇을 하고 어떤 재능을 개발하는지 잘 알고 있다. 어떤 학생은 새로운 스포츠에 푹 빠져 있고 어떤 학생은 외국으로 가족 휴가를 떠날 수도 있다. 페테르센은 학생들의 이런 다양한 개인적 체험을 수업에 활용한다.

"다음 주에 우리 반은 정신 질환에 대한 프로젝트 수업을 할 예정이고, 전체 학생들이 참여해서 여러 가지 발표를 할 계획입니다. 아마도 학생들은 정신 질환에 대한 시를 쓰거나 춤을 추는 방법으로 참여할 거예요. 나는 춤을 좋아하는 한 여학생과 체조를 하는 한 남학생에게 자신의 재능을 활용해서 발표를 해보라고 했어요. 그냥 춤을 추거나 체조를 하는 것이 아니라 어떤 방식으로든 정신 질환과 관련을 지어보라고 했죠. 제 수업의 상당 부분은 이렇게 학생들이 저마다 재능을 발휘하도록 도와주고, 직접 해보도록 격려하는 것입니다."

'나도 우리 교실에서 필요한 사람이야!' 페테르센은 아이들이 이런 마음을 가질 수 있도록 여러 가지 노력을 한다. 특히 교실의 모든 아이가 '우리 선생님이 나를 소중한 사람으로 여기고 있다'고 생각할 수 있게 늘 신경을 쓴다.

"우리 반에는 노래를 잘하는 여학생이 있어요. 우리가 어린이의 권리에 대한 프로젝트 수업을 할 때 그 친구가 노래를 직접 만들어 녹음을 하고 전체 학생들 앞에서 불렀어요. 성적이 상위 10퍼센트 안에 들지 못하는 학생들에게는 이런 경험이 특별히 더 소중합니다. 공부가 아닌 다른 분야에서 내가 무언가를 잘할 수 있다고 보여주는 일이니까요. 이런 경험들이 쌓이면 공부와 성적이 최고가 아니더라도 서로 무시하거나 함부로 대하지 않아요.

아이들에게 이런 감정이 얼마나 중요한지를 교사와 부모들은

FORVENTNINGER

Fordybelse
Jeg koncentrerer mig og fokuserer
på mine opgaver

Ordentlighed
Jeg er undervisningsparat

Respekt
Jeg taler respektfuldt til og
om andre

Venskab
Jeg er en god klassekammerat
og hjælper andre

Empati
Jeg lytter og prøver at
forstå andre

Nysgerrighed
Jeg er interesseret i at lære nye ting

Teamwork
Jeg gør mig selv og de andre
stærke i gruppearbejde

Nærvær
Jeg er "til stede"

Ihærdighed
Jeg forfølger mine mål

Nytænkning
Jeg prøver at "tænke ud af boksen"

Grundighed
Jeg gør mig umage

Energi
Jeg bidrager positivt til skolen,
klassen og fællesskabet

Rummelighed
Jeg anerkender og ser værdien i forskellighed

학생을 한 명의 사람으로 대하면서 관심을 갖고
좋아해준다는 것은 그 아이의 다른 면도 바라볼
준비가 되어 있다는 뜻이죠. 공부적인 측면 말고
그 아이의 다른 재능에도 주목하는 거죠.

종종 잊어버리죠. 아이들은 언제나 꼭 이렇게 느껴야 합니다. '우리 선생님에게 나는 중요한 존재구나!' '우리 반에서, 우리 집에서, 우리 사회에서 나는 중요한 존재구나!' 이것이야말로 교사가 아이들에게 가르쳐야 할 가장 중요한 점이 아닐까요. 좋은 인생을 살아가는 방법은 하나가 아니에요. 우리는 아주 다양한 길을 통해 좋은 인생을 살아갈 수 있어요."

일부 부모들은 이런 교육 방식이 학생들의 공부와 성적을 소홀하게 만들 수 있다고 우려한다. 자녀의 성적에 기대가 높은 부모들은 교사가 자기 아이에게 다른 재능을 개발하도록 권하거나 새로운 기회를 제공하는 것이 탐탁지 않을 수 있다. 그러나 덴마크에서 자녀를 공립학교에 보낸다는 것은 곧 부모의 간섭을 일정 정도 포기한다는 것을 의미한다. 부모는 교사의 의도를 신뢰해야 한다. 아이들에게 공부만 하라고 압박하지 않고, 아이들 스스로 자신의 속도에 맞춰 자기 재능을 개발할 수 있게 허락해야 한다.

"나는 우리 학생들에게 큰 기대를 가지고 있어요. 공부를 하든 다른 활동을 하든 좋은 습관을 갖는 것이 중요합니다. 학교 공부도 중요하지만 우리가 살아가는 이 세계에 대한 폭넓고 다양한 지식을 가진 사람으로 성장하기를 바랍니다. 그러나 가장 중요한 것은 자신감과 자부심이죠. 스스로를 쓸모 있는 사람이라고 여기는 마음, 자신을 사랑하는 마음이 중요합니다. 그것만 있으면 나머지는 다 따라옵니다.

나는 아이들에게 자기의 잠재성을 최대한 발휘해보라고 말해요. 우리는 각자 다른 삶을 살겠지만 언제나 지금 내가 할 수 있는 최선을 다해야 한다고요. 공부에서 최고의 성적을 거두지 못하더라도 세상이 끝나는 것은 아니니까요. 자기가 할 수 있는 최선의 노력을 다하면서 스스로에 대한 자신감을 잃지 않는 것이 가장 중요합니다.”

아이들을 응원하고 자부심을 불어넣는 방법이 항상 통하는 것은 아니다. 주눅이 든 아이에게 안정감을 주기 위해서 아무리 일대일 면담을 하고 학급회의를 해도 여전히 학교 다니는 것에 흥미를 잃는 10대 학생은 있게 마련이다. 이럴 땐 어떻게 해야 할까?

“7학년에 이런 학생이 있어요. 매일 학교에 오긴 하지만 교실 뒷자리에 쓰러진 듯 앉아 있고 수업에도 거의 참여하지 않아요. 불평을 하거나 뒷말을 하는 학생은 아닌데 그저 의욕을 잃었을 뿐이죠. 나는 그 학생에게 제 시간에 등교하기, 의자에 앉기 전에 겉옷을 벗어서 걸어놓기 등 아주 사소한 주문을 합니다. 그 학생의 게으른 태도 때문에 화가 나더라도 여전히 내가 그를 좋아한다는 것을 보여주려고 애쓰죠. 그러지 않으면 수업에 참여할 의욕을 더 상실할 수 있기 때문입니다.

무엇보다 그 학생이 나를 신뢰하고 좋아해야 합니다. 내가 너

교실은 모든 학생을 반겨주는 공간이 되어야 합
니다. 우리가 아이들의 모든 문제를 다 해결할 수
는 없지만 적어도 선생님한테 사랑받고 있고 환
영받고 있다는 생각이 들게 해줘야죠.

무 엄격하다고 불평을 할 수도 있지만, 그런 말을 들어도 괜찮아요. 일종의 칭찬으로도 들리니까요. 나는 그 학생이 내 마음을 알아주길 바랍니다. 내가 그 아이에게 가장 좋은 것을 권하고 있으며 마음속 깊이 그를 훌륭한 아이라고 생각한다는 사실을 말입니다.

나는 그 학생에게 지적할 일이 생기면 다른 학생들이 눈치채지 못하는 방법으로 합니다. 다른 학생들이 모두 문제 풀이를 하고 있을 때 그의 옆으로 다가가 슬쩍 겉옷을 잡아당기는 거죠. 벗어서 저기에 걸어두라고. 아니면 구부정하게 앉지 말고 똑바로 앉으라는 의미로 그의 등을 가볍게 두드립니다. 나는 다른 학생들이 보는 앞에서 그 학생을 조롱거리로 만들고 싶지 않아요. 그래서 아주 조심스럽게 알려줍니다."

10대들은 한번 의욕을 잃으면 다시 회복하기가 쉽지 않다. 그럴 때 무엇이 그들의 정신을 번쩍 차리게 하는지 알면 조금은 도움이 된다. 페테르센은 교실 뒷자리에 힘없이 앉아 있는 한 학생이 컴퓨터 게임에 푹 빠져 있다는 사실을 알게 됐다. 페테르센은 그 학생에게 알맞은 처방을 했다.

"나는 그 학생에게 집에서 사용하는 컴퓨터를 학교에 가져오라고 했어요. 수업 시간에 진행하는 프로젝트와 관련해서 컴퓨터 프로그램을 한번 짜보라고 했죠. 그랬더니 효과가 있었어요. 스스로 존재감을 느끼면서 수업에 참여하는 자세가 나아졌어요. 이처럼 아이들이 무엇을 왜 좋아하는지 주의 깊게 파악해야 합니다. 그러면 축 처져 있던 아이의 눈빛이 반짝이는 것을 볼 수 있습니다."

축 처져 있던 아이의 눈빛이 반짝거릴 때 그 아이의 마음속에 채워지는 것은 무엇일까? 페테르센은 앞에서 이렇게 말했다. "가장 중요한 것은 자신감과 자부심이죠. 스스로를 쓸모 있는 사람이라고 여기는 마음, 자신을 사랑하는 마음이 중요합니다. 그것만 있으면 나머지는 다 따라옵니다."

선생님이자 엄마이자 친구인 페테르센은 자기 반 모든 학생들이 스스로를 사랑할 수 있도록 오늘도 아이들에게 최선을 다한다.

메테 페테르센이
교사에게 건네는 조언

1. 일주일에 한 번씩 전체 학급회의를 열고 어떻게 하면 좀 더 행복한 교실을 만들 수 있는지 토론하자. 이때 시험과 공부 이야기는 하지 말자. 오직 더 좋은 관계를 고민하며 자유롭게 토론하자. 집에서도 마찬가지다. 부모는 종종 아이들에게 요즘 기분이 어떤지, 더 나은 삶을 위해 무엇을 바꾸면 좋을지 물어보자.

2. 학생들이 서로를 인정하게 하자. 모든 학생이 공동체의 소중한 구성원이라는 사실을 깨닫게 하자. 한 가지 좋은 방법은 매일 아침 서로에게 반갑게 인사하는 것이다.

3. 학생들의 재능을 살려주자. 교실에서 각자의 재능을 최대한 발휘하게 하자. 학습 능력만 너무 강조하면 교실은 우등생과 열등생 두 그룹으로 쪼개질 것이다.

학교
그만 다닐까?

Everybody wants to drop out of school

페테르 크로그

Peter Krogh

•

초중등학교 스콜렌 베드 쇠에르네

Skolen ved Søerne

페테르 크로그(Peter Krogh)는 41세이며 11년째 교사로 일하고 있다. 코펜하겐대학교에서 교육학 석사 학위를 받았으며 현재 코펜하겐 중심부에 있는 초중등학교 스콜렌 베드 쇠에르네(Skolen ved Søerne)에서 수학, 독일어, 사회, 체육을 가르치고 있다. 학생들과 친숙한 관계를 형성하는 데 탁월한 능력을 가지고 있다. 청춘 시절에 방황했던 경험을 자산으로 삼아 고등학생을 위한 진로상담 교사로도 활동하고 있다.

앞으로 무엇을 하며 살아야 할까? 어떤 교육을 더 받아야 할까?

덴마크 학생들은 고등학교를 졸업하고 나서 1~2년 정도 쉬는 경우가 많다. 아르바이트를 하거나 여행을 하면서 향후 진로를 모색하는 시간을 갖는다. 덴마크 부모들은 대체로 이런 '안식년'의 시간을 권장한다. 사회에 나가 일을 하거나 낯선 곳을 여행하는 경험은 아이들을 더 성숙하게 만들기 때문이다. 물론 이런 경험들이 대학 공부와 사회생활에 보탬이 된다고 여긴다.

덴마크에서는 이렇게 정규교육 시스템에서 벗어나 스스로 생활해보는 기간을 '안식년' '노는 해' '노닥거리는 해' 등으로 부른다. 많은 덴마크 학생들이 이런 모색의 시간을 선택한다. 대학에 이미 합격한 학생들도 바로 진학하지 않고 쉬면서 인생을 설계하는 시간을 갖기도 한다.

페테르 크로그(Peter Krogh)는 고등학교를 졸업한 뒤 교사가 되겠다는 목표를 정하기까지 6년간 노닥거렸다. 고등학교 때 수학을 좋아했던 그는 은행이나 금융 분야에서 숫자를 다루는 일을 하고 싶었다. 그래서 코펜하겐대학교 경제학과에 진학했지만 그가 꿈꾸던 대학 생활과는 거리가 멀었고 공부에도 집중하기가 힘들었다. 크로그는 성격이 활달하고 사교성이 뛰어난 편인데 동료 학생들은 늘 책에 코를 박고 사는 공부벌레였다. 특히 입학 첫 해의 경제학 강의는 매우 어려웠고 학생들은 어떻게 시험을 잘 볼 것인가에 대해서만 이야기했다. 학생들끼리 서로에 대해 알아가고 친해질 수 있는 기회는 거의 없었다. 그는 한 학기를 마치고 중퇴했다.

크로그는 여러 일자리를 경험하면서 돈을 모아 동남아시아를 여행했다. 여행을 마치고 코펜하겐으로 돌아온 뒤에는 보조교사 일을 시작했다. 보조교사는 교사 자격증이 없어도 파트타임으로 근무할 수 있다. 그때만 해도 그는 교사라는 직업에 대해 깊이 생각하지 않았다. 그저 그동안 경험해본 여러 일자리 가운데 하나로 여겼을 뿐이다.

활달하고 사교성이 뛰어난 크로그는 고학년 학생들을 가르치고 그들과 함께 어울리는 데 타고난 재주가 있었다. 특히 8, 9학년 아이들이 그의 말에 귀를 기울였다. 크로그는 재치가 있고 농담을 잘했다. 그는 학생들과 함께할 때 자신도 기쁘고 행복하다는 사실을 발견했다.

크로그는 종종 자신을 놀려대기도 했다. "얘들아, 나 참 바보 같았지?" 크로그는 인생에서 어떤 일을 하면 좋을지 몰라 수년간 방황했던 자신의 이야기를 학생들에게 들려주었다. 대학을 중퇴한 이야기도 해주고, 진로를 정하지 못해 이 일 저 일을 전전했던 청년 시절의 이야기도 해주었다.

선생님과 학생 사이가 좋은 관계로 이어져 있으면 아이들은 다시 원래의 궤도에 오르고 싶다는 마음을 갖게 됩니다. 교사가 신뢰를 가지고 배려하면 아이들은 보답합니다.

10대들은 크로그의 이야기에 집중했고 비슷한 감정을 나누었다. 학생들 중 상당수는 무엇을 공부해야 할지, 어떤 직업을 목표로 삼아야 할지 고민이 많았다. 동병상련, 공감대가 형성되는 과정이었다. 크로그는 자신의 경험을 바탕으로 학생들이 지금 어떤 심정인지 알 수 있었고 그래서 최대한 그들을 도울 수 있었다.

크로그는 앞으로 자신이 나아갈 길이 무엇인지 선명하게 느낄 수 있었다. 교사라는 직업을 가져야겠다는 분명한 목표가 생긴 것이다. '내가 수년간 방황했던 시간은 이런 발견을 위한 과정이 아니었을까? 앞으로 내 인생의 목표는 방황하는 아이들을 도우며 살아가는 게 아닐까?'

인생의 목표를 발견하고 나니 실천도 빨라졌다. 보조교사였던 그는 정교사가 되기 위해 교사대학에 진학했다. 다시 대학교 1학년이 된 것이다. 교사대학은 혼자 공부하는 것보다 함께하는 활동이 많아서 그의 성향과 잘 맞았다. 크로그는 교사대학을 다니면서 파트타임으로 8, 9학년을 가르치는 보조교사 일을 계속했다. 처음 보조교사를 했던 학교에서 계속 근무했는데 담당 과목은 수학과 독일어였고 학생들을 상담하는 역할도 함께 맡았다.

크로그는 교사대학을 졸업한 뒤 코펜하겐대학교에서 교육학을 공부해 석사 학위를 받았다. 이런 과정을 거쳐 그는 진로상담 전문가가 되었고 코펜하겐에 있는 고등학생들을 대상으로 진로를 지도하는 상담 교사의 역할이 주어졌다. 지역 교육 당국의 진로교육 정책에 따라 자기 학교 인근의 다른 고등학교에서도 진로상담을 하는 것이다.[14] 크로그는 상담을 하면서 공부를 왜 해야 하는지 모르는 아이들, 고등학교 졸업 후에 무엇을 해야 할지 고민하는 아이들을 많이 만났다.

"인생에서 무엇을 해야 할지 몰라 오랜 시간 방황해본 경험 덕분에 지금의 진로상담 교사 역할을 더 잘하고 있는 것 같습니다. 아무래도 학생들에게 충고를 해주기가 훨씬 쉽거든요. 나는 언제나 내 경험을 활용해서 이야기를 시작해요. 그때 내가 어떤 심정이었는지를 학생들이 느낄 수 있게 합니다. 어린 시절에 방황했던 내가 지금 행복해하는 것을 보면서 학생들은 이렇게 생각하지 않을까요? '그렇구나. 방황의 어둠은 이렇게 걷힐 수도 있구나.'"

크로그는 교실에서 수학과 독일어를 가르칠 때 학습 의욕을 상실한 학생은 없는지 혹은 그런 징후를 보이는 학생은 없는지 늘 살펴본다. 조짐은 여러 가지로 나타난다. 자리에 앉아 그냥 졸고 있는 학생도 있고, 숙제를 안 하거나 교과서 준비를 까먹는 학생도 있다. 조금 산만한 것은 별문제가 아니지만 교과서를 비롯해 수업 자료를 빼먹

---

14 덴마크의 모든 초중등학교와 고등학교에는 진로상담 교사가 있다. 이들은 학생들이 졸업 이후에 어떤 진로를 모색하고 선택하면 좋을지 돕는다. 이와 별개로 지역 교육 당국이 그 지역의 고등학생들을 위해 특별 진로상담 교사를 두기도 한다. 특별 진로상담 교사는 해당 지역의 여러 고등학교를 순회하면서 진로 선택에 대한 심층 강의를 하거나 일대일 상담을 한다.

아침마다 학교에 오는 것이 왜 중요한지, 지금껏
배웠음에도 계속 새롭게 배우는 일이 왜 중요한
지 말해줄 수 있어야 해요. 학습 동기와 의욕을
유지할 수 있도록 '더 좋은' 답을 줘야 합니다.

는 것은 수업 참여를 힘들게 하고 그날의 학교생활을 엉망으로 만들 수 있다.

지나치게 목표 지향적이어서 문제가 되는 경우도 있다. 어떤 학생들은 점수에 너무 신경을 쓰거나 자기가 목표로 하는 고등학교에 가지 못할까 봐 걱정이 많다. 그러다 보면 자포자기 심정에 빠질 수도 있다. 최악의 경우에는 학교에 오는 것 자체가 힘들어진다. 스트레스 반응, 불안 발작을 일으키거나 우울증 초기 증상이 나타날 수도 있다.

크로그는 학생들이 의욕을 상실하기 전에 개입하고 그들을 다시 정상 궤도에 서게 한다. 학생들의 스트레스 조짐을 미리 발견하지 못해 문제가 심각해지면 다시 교실에서 정상적으로 수업을 받기까지 몇 주 혹은 몇 달이 걸릴 수도 있다. 그래서 조짐을 파악하는 것이 매우 중요하다. 크로그는 "학교생활에 흥미를 잃은 학생들에게 나타나는 가장 일반적인 신호는 스트레스나 피로가 아니라 목적의식의 상실"이라고 말한다.

"학생들은 처음에 이런 의문을 품기 시작합니다. '왜 열심히 공부해야 하지?' '나는 왜 매일 아침 여기에 오고 숙제를 해야 하지?' '학교생활의 진정한 목적은 뭐지?' '이 모든 것은 무엇을 위해서지?' 수학책을 보면서도 왜 이런 도표와 공식을 배워야 하냐고 물을 겁니다. 독일어 시간에는 독일어 문법을 왜 배워야 하냐고 묻겠죠. '실제 생활에서는 전혀 사용하지 않을 것 같은

데 왜 배워야 하지?' '부모님을 기쁘게 하기 위해서? 아니면 더 높은 목표가 있어서?'

8, 9학년이 되면 공부의 양도 많아지고 고등학교 진학 준비도 해야 하기 때문에 특히 이런 의문이 많아집니다. 어떤 학생들은 가슴 속에 이런 의문을 품고도 선생님이나 부모님에게 드러내 놓고 표현하지 않아요. 그렇지만 아마 대부분의 덴마크 학생들은 학창시절에 적어도 한번쯤은 이런 생각을 할 겁니다."

크로그는 학생들이 스트레스와 의욕 상실의 조짐을 보일 때 교사와 부모가 끊임없이 관심을 기울이는 것이 중요하다고 말한다. 학교에 나와서 공부를 계속하는 것이 왜 중요한지 제대로 알려줘야 하기 때문이다.

"아침마다 학교에 오는 것이 왜 중요한지, 지금껏 배웠음에도 계속 새롭게 배우는 일이 왜 중요한지를 아이들에게 말해줄 수 있어야 해요. 간단한 일 같지만 결코 그렇지 않아요. 많은 선생님들이 이 문제를 신중하게 생각하지 않습니다. '선생님이 하라고 하니까!' '학생은 교육을 받아야 한다고 법에 정해져 있으니까!' 이런 식의 설명으로는 충분하지 않아요.

이 말도 사실이지만 그것만으로는 학생들의 동기를 제대로 불러일으킬 수가 없지 않겠습니까? 권위를 내세우는 것은 문제를 더 악화시킬 수 있습니다. 학습 동기와 의욕을 유지할 수 있도록 '더 좋은' 답을 줘야 합니다. 이미 수학을 잘하는 학생이라면 수학을 공부해야겠다는 마음을 계속 가질 수 있을 거예요. 하지만 지금 내가 하는 공부가 무엇을 위한 것인지, 왜 해야 하는지 모르는 학생이라면 결국 흥미를 잃고 방황할 수밖에 없습니다."

크로그는 8, 9학년 학생들에게 공부에 대한 동기를 불어넣기 위해 고등학교를 함께 방문하기도 한다.

"고등학생들이 무엇을 어떻게 공부하는지 직접 보는 것도 아이들에게 큰 도움이 됩니다. '고등학생들도 우리가 쓰는 수학 공식을 똑같이 활용하는구나' '우리가 9학년에서 배우는 문법을 고등학교에서도 연속해서 공부하는구나.' 이렇게 아이들 스스로 깨달으며 목적의식을 갖게 합니다."

학습 동기 유발을 위해 크로그가 가장 중요하게 생각하는 것은 실제 생활과 연관된 수업이다. 그는 수학을 가르칠 때 실제 생활과 관련된 사례들을 가급적 많이 활용한다. 학생들이 '이미 배운 걸 왜 또 배우지?' 하는 생각을 할 때 이 방법은 효과가 있다.

예를 들어 통계의 경우 7학년 때 배운 내용을 난이도만 조금 높여서 8, 9학년 때도 다시 배운다. 같은 것을 또 배우면 학습 동기가 사라질 수 있기 때문에 통계가 실제 생활에서 얼마나 유용한지 각인시킬 필요가 있다. 그래서 크로그는 학생들이 쉬는 시간에 자주하는 포커 게임을 활용한다. 카드와 포커 칩을 활용해서 통계에 대해 가르치는 것이다.

축구 시합 결과를 활용해서 수학을 가르치기도 한다. 일부 학생들은 일상생활에서 접할 수 있는 친숙한 사례들로 이야기를 시작하면 수업 태도에 큰 변화를 보인다. 수업에 집중하지 못하던 학생들도 포커 게임이나 축구 이야기를 꺼내면 자세를 바르게 고쳐 앉고 선생님이 하는 모든 말을 집어삼킨다. 그러면 교실의 수업 분위기가 좋아진다. 평소 수업에 적극적으로 참여해온 학생들도 선생님의 말에 집중하기가 더 수월해진다.

크로그는 10대 아이들이 말하기 좋아하는 주제를 자주 꺼내든다. '마리화나를 피우는 것은 허용되어야 할까요?' '덴마크로 온 난민들이 일하지 않고 경제 발전에 기여하지 못한다면 원래 자기 나라로 돌려보내야 할까요?' 이런 질문들은 아직 동기 부여가 덜 된 학생들의 눈을 반짝이게 할 수 있다. 크로그는 전체 학생들이 모두 참여하는 수업 분위기를 만든 다음에 수학이나 독일어 문법 수업을 시작한다. 물론 수학 수업으로 넘어가자마자 다시 흥미를 잃어버리는 학생도 있지만.

크로그의 교실에도 해마다 '학교 피로'를 심하게 느끼는 학생들이 있다. 무엇이 문제일까?

"'학교 피로'를 느끼는 이유가 어떤 특별한 하나의 원인이 아닐 수도 있습니다. 우리 어른들은 아이들이 어떤 상황에서 그저 휴식을 필요로 한다는 사실을 받아들여야 합니다. 모든 아이가 한 번쯤은 학교를 때려치우고 싶어 하죠. 특히 8, 9학년 아이들은 내면의 모든 것이 격동합니다. 그들은 성적을 걱정하고 고등학교 진학을 걱정하죠. 학교에 다니는 목적이 무엇인지를 따집니다. 어떤 때는 부모나 친구 등 관계에 대한 문제로 괴로워합니다. 이런 걱정과 고민은 고등학생들에게 더 많이 나타나죠. 내가 진로상담을 하는 고등학생들은 대개 이런 고민을 안고 삽니다. 고등학교를 졸업하고 무엇을 하면서 살아갈지 걱정합니다. 남자친구, 여자친구와 헤어지기라도 하면 세상이 끝난 것처럼 말하죠. 10대들은 많은 스트레스를 안고 살아가는데 가끔은 의무적으로 해야 하는 일들에서 해방시켜줄 필요가 있어요."

크로그는 "교사는 어떤 때 학생을 더 이끌어낼지, 어떤 때 잠시 놓아줄지를 알아야 한다"고 말한다. 만약 어떤 학생이 학교생활에 정말 흥미를 잃은 것처럼 보인다면 우선 그 학생과 상담을 진행한 뒤 조치가 필요하다고 판단되면 학교생활에서 해야 할 일들을 잠시 면제시켜준다.

"어떤 학생이 아프거나 학교생활에 지쳐 있으면 숙제를 하지 않아도 된다고 말해줍니다. 수업 시간에 잠시 쉬라고 할 수도 있고 집에 일찍 보낼 수도 있어요. 지쳐 보이는 학생에게는 수업 중간에라도 잠시 밖으로 나가서 맑은 공기를 쐬고 오라고 합니다."

크로그는 혹시라도 자기 교실에 좀 더 긴 휴식이 필요한 학생은 없는지 늘 주의 깊게 살핀다. 정말 힘들어하는 학생이 있으면 몇 주 동안 모든 숙제를 면제해준다.

"많이 힘들어하는 학생에게는 일단 잠을 충분히 자라고 권합니다. 그리고 학교 밖으로 나가서 본인이 흥미를 갖고 할 수 있는 일을 하라고 말합니다. 그런데 이런 특별한 배려를 받더라도 일단 매일 아침 교실에 나오게 합니다. 매일 학교에 오는 것은 아주 중요한 일입니다. 교실 공동체에서 튕겨나가 혼자 고립되는 것이 아이에게 가장 좋지 않다고 보기 때문입니다.

공부할 동기를 찾지 못하고 의욕을 잃은 학생에게 더 강한 압박을 가하는 것은 결코 도움이 되지 않습니다. 어떤 반응도 하지 않는 학생에게 압박을 계속해봤자 효과가 없죠. 학생들에게 쉬는 기간을 주면 그들은 곧잘 회복합니다. 또 특별한 배려를 받은 만큼 감사하는 마음을 가질 뿐만 아니라 선생님에게 그 고마움을 보답해야 한다고 생각해요. 선생님과 학생 사이가 좋은 관계로 이어져 있으면 아이들은 다시 원래의 궤도에 오르고 싶다는 마음을 갖게 됩니다. 교사가 신뢰를 가지고 배려하면 아이들은 보답합니다."

숙제를 면제해주는 처방만으로는 부족한 학생이 있다. 쉬는 기간을 줘도 여전히 피곤해하고 해야 할 일을 하지 않으며 학교생활에도

나는 아이들이 부모와 같은 직업을 가지는 것에
반대하지 않습니다. 어쩌면 쉽고도 안전한 선택
이죠. 다만 다른 길도 많이 있다는 것을 알려주고
싶을 뿐입니다.

참여하지 않는다. 이런 경우 크로그는 그 학생의 부모와 면담을 한 뒤 고강도의 처방을 한다. 일주일에 하루나 이틀은 학교가 아닌 다른 곳으로 보내는 것이다. 지역사회의 회사, 자영업자, 단체와 제휴해서 학교생활에 지친 학생들에게 현장 체험을 시키는 것인데 덴마크의 많은 학교들이 이 방법을 활용한다.

크로그가 일하고 있는 초중등학교 스콜렌 베드 쇠에르네(Skolen ved Søerne)는 국회, 언론사, 슈퍼마켓, 스포츠용품점 등과 제휴를 맺고 학교생활에 지친 학생들에게 체험의 시간을 갖게 한다. 어떤 경우는 부모가 직접 자기 아이가 일할 곳을 찾기도 한다.

지역사회와 체험학습 제휴를 맺으려면 교사가 많은 서류를 작성해야 하고, 사전에 준비해야 할 절차도 적지 않다. 하지만 수고할 만한 가치가 충분하다. 학생들은 몇 주간 '삶의 현장'을 체험하면서 자신의 학교생활을 되돌아볼 수도 있고, 교실로 돌아가고 싶은 마음이 생길 수도 있다.

"몇 주 동안 학교 밖 사회에서 완전히 다른 생활, 새로운 경험을 하고 학교로 돌아오게 됩니다. 학생에게 현장 체험을 권하겠다고 하면 부모님은 대개 걱정을 하죠. 아이가 학교로 돌아온 뒤 수업을 따라잡을 수 있을지, 예전보다 더 잘 적응할 수 있을지 걱정합니다. 그래서 처음에는 일주일이나 보름 정도만 참여시키고 부모님과 학생이 괜찮다고 하면 더 진행합니다."

크로그는 모든 학생이 언제나 높은 동기를 가지고 수업에 참여할 수 없다는 점을 인정한다. 그들은 10대이고 질풍노도의 시기를 보내고 있다. 그들의 삶 속에는 너무 많은 일들이 한꺼번에 몰아치고 있다. 그 나이 때는 아침에 피곤한 것도 정상이고 오후 수업에 졸린 것도 정상이다.

"오후 2시쯤 되면 학생들은 무척 피곤해합니다. 그래서 오후 수업을 할 때는 학생들에게 너무 많은 것을 요구하지 않아요. 그들이 게을러서가 아니에요. 내가 그들을 집중시키지 못하는 부족한 교사여서도 아니죠. 단지 그들의 몸과 마음이 그 시간에 그렇게 작동하기 때문입니다. 그 시간에 나는 조금 특별한 방법으로 수업을 합니다. 조별 활동을 하지도 않고 학교 밖으로 나가 창의적인 문제 풀이를 하라고 시키지도 않아요. 대신 간단한 퀴즈나 연산 문제를 내줍니다. 뭘 해야 할지 분명한 과제를 주는 거죠. 아이들의 에너지 지수가 너무 낮기 때문에 이 시간에는 많은 것을 기대할 수 없어요."

진로상담 교사인 크로그는 학생들이 어떤 상급 학교를 선택할 것인가에 대해서도 정기적으로 상담한다. 진로상담은 힘든 분야다. '절묘한 균형'을 유지해야 하기 때문이다. 학생에게 적절한 안내를 해야 하고 한편으로는 학생들 스스로 선택을 할 수 있도록 해야 한다. 진로상담 교사의 가장 중요한 임무는 학생들에게 얼마나 다양한 길

자기 미래에 대한 중대한 결정을 앞두고 부담감
과 압박감을 느끼는 학생들에게 저는 이렇게 말
해줍니다. '괜찮아. 앞으로 무엇을 해야 할지 잘
모르는 게 어떨 땐 더 좋을 수도 있어!'

이 있으며 어떻게 스스로 선택해야 하는지 알려주는 것이다.

"덴마크는 초중등학교부터 대학교까지 학비가 무료입니다. 고
등학교를 졸업한 후에도 무료로 공부할 수 있는 프로그램이
600개가 넘죠. 여기에는 여러 대학, 공공기관, 직업학교 등에서
제공하는 분야별 학습 프로그램이 포함됩니다. 이 프로그램 가
운데 절반은 커트라인이 없어서 고등학교만 졸업하면 누구나
참여할 수 있어요.
그런데 덴마크의 많은 학생들은 손에 꼽히는 일부 프로그램만
알고 있어요. 공부를 잘하는 아이들이 주로 선택하는 국제비즈
니스, 경제학, 약학, 심리학 같은 프로그램만 아는 거죠. 부모가
의사나 변호사인 아이들은 부모의 직업과 연관된 프로그램을
듣고 싶어 해요. 그 아이들에게 다른 길이 있다는 사실을 가르
쳐주지 않으면 아이들은 부모의 직업을 그대로 따라 가질 수도
있어요. 어쩌면 쉽고도 안전한 선택이죠. 나는 아이들이 부모와
같은 직업을 가지는 것에 반대하지 않습니다. 경영학이나 의학
을 공부하는 것도 반대하지 않아요. 다만 다른 길도 많이 있다
는 것을 알려주고 싶을 뿐입니다."

크로그는 성공한 사업가의 상당수가 고등학교 성적이 좋지 않았고
대학에서 국제경영학이나 경제학을 전공하지도 않았다고 학생들에
게 말해준다. 빌 게이츠(Bill Gates)나 스티브 잡스(Steve Jobs), 그리고

다른 성공한 사람들도 그들만의 재능과 개성이 있었다고 알려주는 것이다. 사실 성적이 좋고 많이 배웠다고 해서 성공하는 것은 아니다. 그렇지만 크로그가 만난 성적이 좋은 아이들은 대체로 이 사실을 인정하려고 들지 않는다. 좋은 성적을 받아야 좋은 대학에 갈 수 있고 그래야만 연봉이 높은 직업을 가질 수 있다고 믿는다. 크로그의 역할은 아이들이 믿고 있는 이런 단순한 확신에 질문을 던지는 일이다.

"성공하기 위해서는 학교 성적 말고도 다른 재능이나 자질이 더 필요하지 않을까요? 예를 들어 커뮤니케이션 능력은 정말 중요하잖아요. 그래서 저는 수업 시간에 학생들이 새로운 정보를 설명하고 발표하는 데 많은 시간을 할애합니다. 복잡한 사안을 어떻게 설명하면 좋은지, 자신의 아이디어를 어떻게 표현할 수 있는지 가르치려고 노력합니다. 수학 이론을 A부터 Z까지 다 아는 것도 대단한 일이지만 여기에 아이디어나 계획을 잘 설명해내는 능력까지 갖춘다면 인생의 새 장을 열 수 있어요."

청중 앞에서 어떤 주제에 대해 설명할 수 있는 능력을 갖추는 것은 사회생활에서 매우 중요하다. 덴마크 교실에서는 반 친구들 앞에서 발표하는 훈련을 많이 한다. 크로그는 공부를 아주 잘한다고 해서 저절로 발표도 잘하는 것은 아니라고 말한다.

"수학을 잘한다고 해서 다른 사람에게 수학을 잘 설명하는 것은 아닙니다. 우리 반에도 수학을 매우 잘하는 학생이 있는데 자기가 어떻게 그 문제를 풀었는지 설명할 때 다른 친구들이 거의 알아듣지 못했어요. 그래서 나는 그 학생에게 어려운 용어나 기술적인 개념을 사용하지 말라고 했어요. 그 학생은 자기보다 수학을 못하는 친구들과 소통하면서 그들이 알아듣도록 말하는 방법을 배워야 했던 거죠. 그래야 대학을 가거나 직장에 가서도 성공할 가능성이 높아집니다."

크로그가 가르치는 9학년 학생들은 졸업하면 대부분 고등학교에 간다. 하지만 그는 종종 학생들에게 다른 길도 있다고 말한다. 그는 모든 학생들이 고등학교에 가야 한다고 생각하지 않는다. 고등학교 과정은 학업의 양이 상당하다. 어떤 학생에게는 고등학교에 진학하는 것보다 기술을 익히는 등 실용적인 교육을 받는 것이 더 좋은 선택일 수 있다.

"진로상담 교사는 그 학생의 계획이나 부모의 기대에 반하는 어떠한 간섭도 하지 않는 것이 매우 중요합니다. 하지만 그들의 선택이 어떤 의미인지는 알게 해줘야 합니다. 어떤 학생이 8, 9학년이 되어 학교 공부를 너무 힘들어하면 나는 그 학생과 부모님에게 고등학교 진학 대신 다른 길을 고려할 수도 있다고 말해줍니다. 나는 그 학생이 선택할 수 있는 가능성을 이야기할 때 매우 중립적이려고 노력하지만 때로는 부모님에게 자녀에 대한 기대치를 낮추는 편이 더 낫다고 직접적으로 말합니다. 당신의 아이가 당신이 원하는 대학에 가는 것은 쉽지 않을 것이며 심지어 고등학교 진학도 좋은 선택이 아니라고 말하는 거죠. 단언할 수는 없지만 당신의 아이가 의사나 변호사가 될 가능성은 높지 않고, 만약 그 길을 선택한다면 긴 고통의 시간을 경험할 수도 있다고 말해줍니다. 그러면서 선택 가능한 다른 길이 정말 많이 있다고 설명합니다."

크로그는 학생들이 가급적 스스로 자신의 길을 선택해야 한다고 믿는다. 그러나 15~16세의 아이들이 앞으로 자기 인생에서 무엇을 할 것인지 알고 선택하는 일은 매우 어렵다. 내가 무엇을 원하는지 모른다는 사실을 인정해야 할 때는 좌절감도 느낀다. 진로를 정하지 못한 학생들에게 크로그는 지금의 상태가 이상한 것이 아니며 지극히 정상적이라고 말해준다.

"'어느 고등학교에 지원할 예정이니?' '나중에 커서 어떤 직업을 갖고 싶니?' 아직 준비가 안 된 8, 9학년 학생들이 이런 질문을 계속 받으면 결국 다른 사람들이 기대하는 대답을 하게 됩니다. 아직 무엇을 해야 할지 모른다는 사실이 사람들에게 좋지 않은 인상을 줄까 봐 걱정하는 거죠. 자기 미래에 대한 중대한 결정을 앞두고 부담감과 압박감을 느끼는 학생들에게 저는 이렇게

언제나 내 경험을 활용해서 이야기를 시작해요.
어릴 시절에 방황했던 내가 지금 행복해하는 것
을 보면서 학생들은 이렇게 생각하지 않을까요?
'방황의 어둠은 이렇게 걷힐 수도 있구나.'

말해줍니다. '괜찮아. 앞으로 무엇을 해야 할지 잘 모르는 게 어떨 땐 더 좋을 수도 있어!' '나도 고등학교 때 생물 시험을 망친 적이 있어. 그런데 나는 지금 여기에 있잖아? 우리 모두는 한때 실수도 하고 방황도 해. 한때 어떤 일이 내 뜻대로 되지 않았다고 해서 그것이 곧 세상의 종말은 아니야.'"

페테르 크로그가
교사에게 건네는 조언

1. 압박하지 말자. 학교생활에 흥미를 잃어버린 학생이 있으면 그의 어깨를 짓누르고 있는 짐을 덜어주자. 보태지 말자.

2. 학교 성적이 다가 아니다. 성적 말고도 다른 많은 소질과 개성이 성공의 기회를 만들어줄 것이다.

3. 다른 길로 가도 괜찮다. 누구는 조금 빠르고 누구는 조금 늦을 뿐이다. 대부분의 학생들이 자기에게 맞는 길을 찾아갈 것이다.

그냥
춤춰라

Just dance

마리아네 스코루프
Marianne Skaarup

●

호프트루프 에프터스콜레
Hoptrup Efterskole

마리아네 스코루프(Marianne Skaarup)는 47세이며 호프트루프 에프터스콜레(Hoptrup Efterskole)에서 25년째 댄스 교사로 일하고 있다. 덴마크 항구도시 하데르슬레브(Haderslev)에 있는 호프트루프 에프터스콜레는 춤, 음악, 공연을 특화해 중3 졸업생의 인생 설계를 도와주는 1년짜리 기숙학교다. 있는 그대로 자신을 표현하는 춤이 인생의 활력소이자 치료제라고 믿으며 학생들에게 '남에게 보여주기 위한 기교 있는 춤'이 아니라 '나를 드러내며 즐기는 춤'을 가르치고 있다.

"나는 이 세상에서 무엇을 하며 살아야 할까?"

마리아네 스코루프(Marianne Skaarup)는 이런 고민을 해본 적이 없다. 아주 어릴 때부터 하고 싶은 것이 너무나 분명했기 때문이다. 춤이 좋았던 스코루프는 세 살 때부터 댄스 교실에 다녔다. 그곳에 있으면 시간 가는 줄 몰랐다. 집에 가기 싫다는 스코루프를 엄마와 오빠가 억지로 끌고 나온 적도 있다. 스코루프는 "언제나 춤을 추고 싶었다"고 말한다.

"5학년 때부터 이런 생각을 했어요. '고등학교에 가지 말고 바로 댄스 스쿨에 가야지!' 그래서 콜링(Kolding)에 있는 댄스 아카데미에서 춤을 배웠고 열아홉 살 때 댄스 지도사 자격증을 땄어요. 인문계 고등학교에 가지 않고 춤을 전문적으로 배운 이유는 학교가 싫거나 공부가 힘들었기 때문은 아니에요. 공부도 좋아했지만 춤추는 걸 더 좋아했죠. 춤을 추기 위해 무대에 오를 때마다 편안함을 느꼈으니까요."

스코루프는 여러 댄스 단체에 속해 유럽으로 순회공연을 다녔다. 그리고 한 에프터스콜레에서 파트타임 댄스 교사로 일하기 시작했다. 에프터스콜레는 덴마크에만 있는 일종의 '인생설계학교'이며 중학교를 졸업하고 고등학교에 가기 전에 1년 동안 쉬었다 가는 기숙학교다. 부모와 떨어져서 지내는 1년 동안 국어, 영어, 수학 등 기본 과목만 공부하면서 자기가 좋아하는 것을 실컷 해보고 새로운 친구들을 사귄다.

덴마크에는 약 250개의 에프터스콜레가 있으며 학교마다 특성화가 잘되어 있다. 어떤 학교는 인문학을 중점적으로 공부하고 어떤 학교는 스포츠, 여행, 승마, 컴퓨터 게임을 강조한다. 음악과 춤을 전문으로 하는 학교도 있다.

스코루프는 첫 학교에서 1년만 일하고 다시 댄스 그룹으로 돌아갈 계획이었지만 에프터스콜레에서 댄스 교사로 일하는 것이 너무 좋았다. 그래서 두 번째 학교인 호프트루프 에프터스콜레(Hoptrup Efterskole)에서 25년째 아이들을 가르치고 있다. 무엇이 이렇게 오랫동안 그를 에프터스콜레 교사로 일하게 했을까? 그는 "단 1년 사이에 나타나는 학생들의 표정 차이" 때문이라고 말한다. 비록 1년 과정이지만 처음 입학했을 때의 표정과 졸업 발표회 때의 표정이 너무나 다르다는 것이다. 그는 "댄스처럼 몸을 움직이고 자신을 드러내는 활동이 학생들의 삶에 얼마나 큰 영향을 주는지를 잘 보여준다"고 말한다.

아이들은 스스로 어떻게 즐길 것인가를 배워야
합니다. 나는 우리 학생들이 내 지시만 따르는 것
을 원하지 않아요. 열려 있는 춤의 세계로 학생들
을 안내하고 싶어요.

"학생들이 처음 댄스 스튜디오에 모이면 수줍어하며 마룻바닥만 쳐다봐요. 그러던 아이들이 졸업 발표회 때는 학부모를 포함한 수백 명의 청중들이 바라보는 무대 위에 당당히 오르죠. 그 변화는 정말 경이로워요. 단 1년 만에 '나도 할 수 있다'는 자신감을 기르고 '내 안에 이런 힘이 있다'는 내적 강인함을 발견하는 거죠. 이런 경험이 인생을 살아가는 내내 아이들에게 많은 영향을 줄 겁니다."

덴마크의 다른 에프터스콜레처럼 호프트루프 에프터스콜레에서도 몸을 움직이는 활동을 매우 중요하게 여긴다. 매일 첫 수업을 체육으로 시작하는데 오전 8시 30분부터 30분간 다양한 몸 놀이를 한다. 학생들은 핸드볼, 마라톤, 역도, 요가, 숲길 걷기 가운데 하나를 선택할 수 있다.

"비록 30분이지만 이 시간 동안 학생들은 마음과 몸을 깨우고 활동을 시작해요. 숲길을 걷는 것만으로도 충분하죠. 이 과정은 이날의 하루 수업에 엄청난 영향을 줍니다. 아침 운동으로 하루를 시작하면 그날의 수업에 집중할 수 있는 힘을 얻을 수 있습니다."

스코루프에게 수업을 받는 학생들은 일주일에 8시간씩 춤을 배우는데 대부분의 시간을 댄스 스튜디오에서 보낸다. 학생들은 여러 가지 춤을 배우지만 출발은 몸이 어떻게 움직이는지 느끼는 것이다. 근육은 어떻게 구성되어 있고 각 근육은 어떤 역할을 하는지를 배운다. 숨 쉬는 훈련과 몸을 편안하게 늘어뜨리는 훈련도 한다.

"댄스 수업이 끝나면 학생들은 엄청나게 지쳐 있어요. 그래도 기분 좋은 피곤함이라고 할 수 있죠. 10대들이 하루 종일 교실에서 책만 읽거나 노트북만 본다면 어떨까요? 몸은 피곤하고 행복하지도 않을 겁니다. 의자에 하루 종일 앉아 있으면 집중력도 떨어져요. 물론 댄스 수업도 쉽지는 않죠. 지금 하는 동작과 새로 배우는 동작에 늘 집중해야 하니까요. 하지만 몸을 움직이면서 하기 때문에 활력이 생기고 덜 힘들어합니다."

첫 수업 때 스코루프는 학생들을 두 그룹으로 나눈다. 한 그룹은 춤을 잘 추는 아이들이고 다른 그룹은 아직 서툴러서 훈련이 필요한 아이들이다. 두 그룹은 연습을 같이하기도 하고 따로 하기도 한다. 자기들의 춤을 서로 다른 그룹에게 보여줄 때도 있다. 아이들은 첫 수업을 시작하고 일주일 뒤에 첫 번째 공연을 한다. 그런 다음 서로의 공연이 어땠는지를 평가해준다. 처음에는 이런 솔직한 평가를 받아들이기가 좀 어색하다.

"처음에는 비판이나 지적 자체를 싫어합니다. 평가를 할 때도 솔직하게 제대로 하지 못하죠. 비판을 하면 서로 안 좋은 감정이 생기거나 싸울지도 모른다고 걱정하기 때문입니다. 그러나 건설적인 비판은 위험한 일이 아니라는 것을 서서히 배우게 됩니다. 지적을 하더라도 그 아이들은 여전히 친구가 되죠. 용기를 가지고 솔직하게 이야기하다 보면 점점 스스럼없이 어울리게 되고, 어떻게 안무를 발전시킬 것인가에 대해 생산적인 대화를 나누게 됩니다."

댄서가 되기 위해 갖춰야 할 조건 가운데 하나는 피드백을 잘 주고받는 것이다. 만약 교사의 권위가 아주 강한 학교라면 수업 시간에 피드백을 주는 사람은 거의 정해져 있을 것이다. 교사 단 한 명만 피드백을 할 가능성이 크다. 그러나 덴마크를 포함한 스칸디나비아 나라들에서는 학생들끼리 서로 평가하는 문화가 일상적이다. 이런 문화가 가능하려면 교사가 먼저 본보기가 되어야 한다.

"나는 대충대충 느슨하게 넘어가는 스타일이 아닙니다. 학생들이 실수를 하거나 지적할 일이 생기면 바로 솔직하게 말해요. '너희가 만든 안무가 마음에 안 든다'고 말할 때도 있어요. 나는 학생들의 자세를 교정해주면서도 이런저런 지적을 합니다. 학생들은 내가 어떤 톤과 어떤 언어를 사용해서 솔직하고 건설적인 피드백을 하는지 지켜봅니다. 그리고 서로에게도 그렇게 합니다. 학생들은 이런 피드백이 개인을 향한 감정적인 지적과는 다르다는 것을 배우게 됩니다.

'나도 할 수 있다'는 자신감을 기르고 '내 안에 이런 힘이 있다'는 내적 강인함을 발견하는 거죠. 이런 경험이 인생을 살아가는 내내 아이들에게 많은 영향을 줄 겁니다.

이 과정에서 학생들은 프로가 되어가는 법을 배웁니다. 이런 배움이 꼭 춤에만 해당하는 것은 아니죠. 개인의 삶과 직업적 생활이 어떻게 분리될 수 있겠어요. 직업적인 댄서가 되지 않더라도 피드백을 주고받는 법을 제대로 배워두면 인생을 사는 동안 유용하게 활용할 수 있습니다."

스코루프는 잘하든 못하든 춤을 배우는 과정 자체에서 얻는 것이 더 많다고 말한다. 호프트루프 에프터스콜레의 댄스 교실은 춤을 잘 추는 아이들을 위한 엘리트 프로그램이 아니다. 그의 수업은 모든 학생에게 열려 있다. 물론 처음부터 눈에 띄게 잘하는 학생도 있다. 하지만 댄스 교실의 많은 학생들은 그냥 춤이 좋아서 이 학교에 왔다. 스코루프는 학생들에게 긴장을 풀고 즐기라고 주문한다. 가끔은 일부러 몸치가 되어보기도 한다.

"춤을 제대로 추려면 몸을 자유롭게 풀어줘야 해요. 누구나 어떻게 춤을 추는지는 알잖아요. 긴장을 풀고 그냥 자유롭게 몸을 맡기면 됩니다. 나는 종종 '10분 동안 몸치 체험하기' 훈련을 해요. 10분 동안 모든 학생에게 몸치가 되어보라고 합니다. 가장 볼품없이 막무가내로 춤을 추는 거죠. 교사인 나 역시 바보처럼 춤을 춰요. 이런 훈련을 하면서 댄스 수업의 긴장감을 털어냅니다. 나는 우리 학생들이 긴장을 풀고 자신의 감정을 오롯이 느끼길 바랍니다."

오랫동안 발레를 배운 학생들 중에는 스스로 춤을 즐기지 못하는 경우가 있다. 스코루프는 그런 학생들에게 선생님이 시키는 대로 하는 것보다 긴장을 풀고 스스로 즐기는 춤에 몸에 맡겨보라고 권한다.

"나에게 춤을 배우러 오기 전에 발레 수업을 받아본 학생들이 있습니다. 이 아이들은 선생님의 지시를 아주 잘 따르고 어떻게 하면 바른 동작을 할 수 있는지 잘 알아요. 그러나 이런 점들이 종종 아이들을 너무 기계적인 인간으로 만들어요. 아이들은 스스로 어떻게 즐길 것인가를 배워야 합니다. 나는 우리 학생들이 내 지시만 따르는 것을 원하지 않아요. 나는 어떤 타입의 춤이 올바르다고 말하지 않습니다. 열려 있는 춤의 세계로 학생들을 안내하고 싶어요."

스코루프는 학생들에게 "춤에서 기교는 가장 중요한 요소가 아니다"라고 늘 강조한다. 춤을 추면서 나의 경험과 생각, 감정을 발산하는 것이 더 중요하기 때문이다.

"춤을 추다 보면 어떤 대목에서 나의 감정을 보여주기 시작해야 할 때가 있습니다. 내가 가진 기억과 경험을 춤으로 표현하는 문제에 대해서 우리는 수업 시간에 자주 이야기를 나누죠. 어떤 학생들은 많이 어려워합니다. 어떤 경험과 기억을 떠올릴 때마다 감정에 복받쳐서 울거나 가슴앓이를 합니다. 하지만 이런 수업을 통해서 우리는 서로의 감정을 이야기할 수 있고, 더 친밀해질 수 있습니다. 그러면서 우리의 춤도 한 단계 승화하죠.

다 그런 것은 아니지만 발레처럼 정형화된 클래식 댄스들은 '겉을 보여주는 춤'이 될 가능성이 높습니다. 그것은 매우 예쁘지만 표면만 보여주곤 하죠. 춤의 내면에 무엇이 있는지를 보여주지 못합니다. 학생들에게 자신의 감정을 표현해보라고 하면 정형화된 춤을 오래 춰왔던 아이들은 어떻게 해야 할지 몰라 난감해해요. 춤을 제대로 추려면 정해진 규칙이 아니라 나의 감정과 본능을 활용할 수 있어야 합니다."

스코루프의 댄스 수업에는 학생들이 스스로 안무를 만드는 과정도 있다. 여기에는 모든 학생이 참여한다. 춤을 잘 추는 학생이 좀 더 어려운 동작을 맡을 수는 있지만 모든 학생이 기여하지 않으면 제대로 된 안무가 불가능하다.

"춤을 잘 추지 못해도 우리 댄스 교실에서는 모두 소중한 존재입니다. 댄스 수업에 참여하는 모든 학생은 하나의 공연 팀을 구성하는 큰 바퀴의 나사들이죠. 모두가 함께하지 않으면 절대로 공연을 할 수가 없습니다."

물론 모든 학생이 다 이렇게 생각하지는 않는다. 그럴 때마다 스코루프는 그 누구도 특별한 대접을 원해서는 안 된다고 분명히 말한다. 실력이 조금 부족하거나 서투른 학생이라도 우리 공연 팀에 없어서는 안 되는 중요한 존재라고 말한다. 모두가 서로를 도와야 한다고 말한다.

"나는 얼마 전에도 학생들에게 따끔하게 경고한 적이 있어요. 한 그룹은 스튜디오 마루에서 춤을 연습하고, 다른 그룹은 지켜보고 있었죠. 춤추는 학생들이 회전 동작을 하는데 이를 지켜보던 한 학생이 한심하다는 듯이 얼굴을 찌푸렸어요. 나는 바로 연습을 중단시키고 모든 학생을 모이게 했죠. 절대 그런 행동을 해서는 안 되며 이런 일이 또 일어나면 절대로 가만두지 않겠다고 말했어요. 누가 그런 행동을 했는지는 말하지 않았지만 반전체 아이들에게 경고를 한 거죠. 그 뒤로 비슷한 문제는 일어나지 않았어요."

학생들은 시기심을 느낄 수도 있고 남들보다 더 잘하고 싶은 마음을 가질 수도 있다. 그렇지만 스코루프는 과정도 결과도 반드시 '좋은 경쟁'이 되어야 한다고 생각한다. 누군가는 주눅이 들고 누군가는 우쭐댄다면 그것은 '나쁜 경쟁'이다. 스코루프는 나쁜 경쟁을 늘 경계한다.

"나는 학생들끼리 서로 경쟁해도 괜찮다고 말합니다. 경쟁이 생

우리 학교의 선생님과 학생들은 아주 특별한 유
대감을 가지고 있습니다. 매우 가까운 사이죠.
나는 학생들에게 선생님이자 한 명의 어른이지만
그와 동시에 친구 혹은 큰언니 같은 존재입니다.

산적인 방법으로 이뤄진다면 좋은 일 아닌가요? 실력이 부족한 학생이 좀 더 잘하는 학생을 따라하는 것은 아주 좋은 경쟁이죠. 그러나 '나는 왜 저 친구처럼 잘하지 못할까?' 하며 자책하고 주눅 드는 경쟁은 안 됩니다. 서로의 춤과 실력에 대해 관심을 갖는 것은 이해할 수 있어요. 하지만 서로 돕지 않고 비난을 하거나 싸우는 행동은 절대 용납하지 않습니다."

스코루프는 서로 배려하고 함께하는 분위기를 강조한다. 이런 수업 분위기가 형성되면 학생들이 자신감을 기르는 데 도움이 된다. 춤에 서툰 학생들은 처음부터 자신 있게 춤을 추지 못하고 무척 힘들어한다. 그러나 배려하고 함께하는 분위기라면 천천히 용기를 내면서 자신감을 쌓을 수 있다. 다른 학교에서 공연도 해보고 친구들과 뮤지컬 공연도 기획해보면서 처음에 가졌던 불안감을 마침내 극복해낸다. 모두가 팀의 일원이며 서로 도와야 한다는 사실을 깨닫고 실천하면 모두 함께 발전할 수 있다.

호프트루프 에프터스콜레에서 댄스 수업을 하다가 춤에 대한 재능을 발견하고 본격적으로 배우고 싶어 하는 학생도 있다. 스코루프는 이런 학생이 있으면 적극적으로 돕는다. 그는 2019년에도 네 명의 학생을 지역 댄스 아카데미에 소개하고 본격적인 댄스 훈련을 받게 했다. 스코루프는 졸업생들과도 교류하며 자신의 댄스 공연팀에서 함께 활동하기도 한다. 졸업생 중 일부는 덴마크나 해외에 있는 댄스 전문학교에 다닌다.

"춤을 잘 추는 아이는 첫 주에 금방 눈에 띕니다. 아이들이 춤을 추기 시작하면 나는 그저 고개만 끄덕이죠. '저 아이는 참 잘하네. 앞날이 보이는군. 본인은 아직 모르겠지만.' 물론 그 학생에게 내가 먼저 댄서의 길을 권하지는 않아요. 그러나 그 학생이 춤에 자신감이 붙고, 댄스 전문학교에 가고 싶다고 용기 있게 말하면 나는 항상 지지합니다. '참 좋은 생각이야. 너는 잘할 수 있어.'"

아이가 고등학교에 가지 않고 바로 댄스의 세계로 가겠다고 하면 덴마크의 부모들도 걱정을 할 것이다. 춤으로 밥벌이가 될 만한 일을 찾기가 쉽지 않기 때문이다. 그러나 스코루프는 그 길을 가고 싶어 하는 학생이 있다면 언제나 응원한다. 누군가 정해놓은 길이 아니라 내가 가고 싶은 길, 의무감으로 하는 일이 아니라 정말 하고 싶은 일을 찾아가는 그 삶을 응원한다.

"10대들이 어떤 것을 매우 열정적으로 하고 싶어 할 때 부모나 교사가 '그거 별로인데' 같은 말을 함부로 하면 안 됩니다. 하고 싶은 것을 하지 못하면 언젠가는 후회하게 됩니다. 나를 나답게 만드는 데 반드시 고등학교 졸업장이나 어떤 화려한 교육이 필요한 것은 아니잖아요. 우리에게 정말 필요한 것은 그 일에 충실한 자세입니다. 그러려면 좋은 습관이 필요하고 규율을 지키는 훈련이 필요합니다. 아침에 스스로 일어나야 하고 오늘 하루 무엇을 할 것인지 잘 정해야 합니다.

교사로서 가장 중요한 저의 역할은 학생들에게 좋은 습관을 갖도록 하는 일입니다. 댄스와 체육 활동은 좋은 습관을 기르는데 아주 효과적입니다. 아침 일찍 일어나는 법을 배우고 아침식사를 거르지 않게 합니다. 구부정하게 앉지 않고 바른 자세로 몸을 움직이게 하죠. 모든 댄서는 동시에 좋은 학생이기도 합니다. 춤을 출수록 자기통제를 더 잘하게 됩니다."

스코루프가 근무하는 에프터스콜레는 1년짜리 기숙학교이고 '삶의 학교'를 표방하는 만큼 교사와 학생의 관계가 일반 학교보다 돈독하다. 이곳의 교사들은 학생들이 원하면 언제든 대화 상대가 되어준다. 스코루프는 학생들과 같이 아침밥을 먹기도 하고 "잘 자"라는 저녁 인사를 할 때까지 수다를 떨기도 한다.

"우리 학교의 선생님과 학생들은 아주 특별한 유대감을 가지고 있습니다. 매우 가까운 사이죠. 만약 수업 시간에 어떤 문제가 생기면 우리는 그것을 다음 주까지 끌지 않고 그 자리에서 바로 해결해버립니다. 에프터스콜레에 다니는 학생들은 선생님과 어른에 대해 조금 다른 시선을 갖기 시작합니다. 선생님이라는 존재에 대해 '지시하는 사람'일 뿐이라는 생각을 접고 있는 그대로 바라보기 시작합니다. 선생님과 함께 산책을 하고 개인적인 고민을 어렵지 않게 나누죠. 나는 학생들에게 선생님이자 한 명의 어른이지만 그와 동시에 친구 혹은 큰언니 같은 존재입니다."

에프터스콜레의 학생들은 공동체에서 소속감을 갖는다는 것이 무엇을 의미하는지에 대해서도 많이 느끼고 배운다. 친구들과 함께 쓰는 방을 깨끗이 치우고, 구획을 나누어 학교 청소를 담당하고, 식사 준비도 돕는다. 대부분 처음으로 가족과 떨어져서 공동체 생활을 경험하기 때문에 하루가 다르게 성숙해진다.

물론 모든 학생이 이런 공동체 생활에 잘 적응하는 것은 아니다. 어떤 학생들은 신경쇠약 증세를 보이기도 하고 과거에 힘들었던 경험이 다시 떠올라 어려운 시간을 보내기도 한다. 또 어떤 학생들은 자기 집이나 마을로 되돌아가기를 두려워한다. 이런 일이 닥치면 스코루프나 다른 선생님들은 아이들의 상태에 관심을 기울이며 위기를 극복할 수 있도록 돕는다.

"겉으로는 행복해 보이고 댄스 수업에도 적응을 잘하는 학생이 있었는데 어느 날부터 갑자기 먹지도 않고 손목을 그으며 자해를 했어요. 그 아이는 몸도 마음도 힘들어서 더 이상 춤을 출 수 없었죠. 나는 대화를 시도했고 그는 서서히 마음의 문을 열기 시작했어요. 자기 집에 심각한 문제가 있다고 털어놓았죠. 그동안 아무도 모르게 고민을 숨겨왔지만 도움이 너무나 절실한 상태였어요. 다행히 그 학생은 어려운 상황을 잘 극복해냈습니다. 만약 이 학생이 에프터스콜레에 오지 않았다면 어떻게 됐을까

나를 나답게 만드는 데 반드시 고등학교 졸업장
이나 어떤 화려한 교육이 필요한 것은 아니잖아
요. 우리에게 정말 필요한 것은 그 일에 충실한
자세입니다.

요? 과연 똑같은 도움을 받을 수 있었을까요? 이런 생각도 들더 군요. 이 학생이 춤을 추지 않았다면 이 어려운 시기를 극복해 낼 수 있었을까?"

스코루프는 종종 학생들에게 "나는 춤을 통해서 지금의 내가 될 수 있었다"고 말한다. '있는 그대로의 나'와 솔직하게 만나는 춤은 그의 인생에서 좋은 치료제가 되어주었다. 스코루프는 학생들도 이런 느낌을 경험하게 되길 바란다.

"인생에서 어떤 벽을 만날 때마다 나는 춤을 통해 극복했어요. 학생들은 처음에는 이 말이 무슨 뜻인지 잘 이해하지 못해요. 그러나 1년을 함께 보내면서 서서히 그 의미를 깨닫습니다. 춤을 통해 나의 감정을 마주하고 울분을 발산하고 기쁨을 표현하면서 아이들은 비로소 느끼게 됩니다. '우리 선생님 말이 정말 맞았어. 춤이 나의 치료제였어.'"

마리아네 스코루프가
교사에게 건네는 조언

1. 학생들은 어떻게 춤춰야 하는지 이미 알고 있다. 딱히 정해진 방법이 없으니까. 각자가 좀 더 나아질 수 있도록 서로 도와주면 된다.

2. 학생들끼리 피드백을 하게 하자. 단, 솔직하고 친절하게. 교사가 먼저 솔직하고 건강한 피드백이 무엇인지 보여주자. 학생들이 본받게 하자.

3. 때로는 바보가 되자. 가끔은 10분 정도 시간을 내서 우스꽝스럽게 춤을 춰보자. 학생들도 편안한 마음으로 긴장을 풀 것이다.

노는 것이 공부다

Learning to play and playing to learn

아스트리드 엥엘룬
Astrid Engelund

•

초중등학교 파이외 스콜레
Fejø Skole

아스트리드 엥엘룬(Astrid Engelund)은 63세이며 24년째 교사로 일하고 있다. 현재 덴마크 파이외(Fejø)섬에 있는 초중등학교 파이외 스콜레(Fejø Skole)에서 아이들을 가르치고 있다. '노는 것이 공부하는 것이다' '한 아이를 키우려면 온 마을이 필요하다'는 교육철학을 꾸준히 실천하고 있다.

파이외(Fejø)섬에서는 많은 일이 일어나지 않는다. 덴마크의 수도 코펜하겐에서 150킬로미터 떨어진 이 작은 섬은 전체 인구가 462명이다. 조용하고 평화로운 섬이다. 이 섬에는 두 개의 마을과 두 개의 학교가 있다. 그중 한 학교인 파이외 스콜레(Fejø Skole)는 전교생이 9명이고 선생님은 한 명이다. 이 선생님의 이름은 아스트리드 엥엘룬(Astrid Engelund).

"그때그때 즉흥적으로 뭔가를 하는 일이 내게는 매우 중요합니다." 63세의 교사[15] 엥엘룬은 매일 아침 '오늘은 무엇을 가르치게 될까?' 하는 기대감으로 하루를 시작한다.

"나는 우리 학교의 유일한 선생님이기 때문에 누구에게도 허락을 받을 필요가 없어요. 지금 무엇을 해야 할지 바로 결정할 수 있죠. 덕분에 나는 그 결정을 우리 학생들과 함께할 수 있어

---

[15]　덴마크의 교사 정년은 65세다. 그러나 개별 교사의 선택에 따라 제도를 유연하게 적용할 수 있다. 어떤 교사들은 65세가 되기 전에 은퇴하기도 하지만 어떤 교사들은 70대까지 가르치기도 한다.

선생님은 그저 가이드 역할이죠. 모든 배움은 스
스로 해내는 과정에서 나옵니다. 교사가 잘 안내
해주면 아이들은 즐기면서 많은 것을 배우죠.

요. 아침에 학생들을 만나면 어떤 기분이고 어떤 상태인지 파악하려고 노력해요. 특별히 호기심이 생긴 주제는 없는지 이야기를 나누죠. 만약 아침에 한 학생이 첫 질문을 하면 그 주제가 그날의 수업 내용을 결정할 수도 있어요. 나는 학생들에게 이렇게 말해요. '오! 참 좋은 질문이네. 답을 같이 찾아보자. 우리가 서로 도울 수 있는 방법이 뭐가 있을까?'"

덴마크는 1000개 이상의 섬으로 이루어진 '섬의 나라'다. 작은 섬에 있는 학교에서 근무하는 교사들은 상대적으로 더 많은 자유를 누린다. 엥엘룬처럼 한 명의 교사가 근무하는 경우도 종종 있는데 이럴 땐 학교에서 혼자 모든 것을 결정할 수 있다.

사실 이런 자유는 덴마크 전역의 교사들이 누리는 것이기도 하다. 덴마크의 학교법에 따르면 교사는 자신의 교실에서 어떤 방법으로 수업을 할지 스스로 선택할 권리가 있다. 수업 방식의 자율성에 대한 교사의 권리는 그 누구도 침해하거나 개입해서는 안 된다. 물론 국가 교육과정에 따라 포괄적인 목표는 정해져 있다. 전국의 모든 학생은 특정 학년에 같은 과목을 공부하고, 중학교 과정을 마치는 9학년 말에는 전국적으로 같은 시험을 봐야 한다. 그러나 그 과목을 어떻게 어디서 누구와 공부할지 등을 결정하는 것은 완전히 교사의 자율적 권한이다. 교사의 높은 자율권은 스칸디나비아 나라들의 공통적인 특징이다. 덴마크의 교사들에게 어떤 점이 좋아서 이 직업을 선택했냐고 물으면 첫 번째로 이 자율성을 꼽을 것이다.

덴마크의 교사들은 반 학생들에게 1년 동안 무엇을 어떻게 가르칠지 자율적으로 정한다.[16] 만약 '다른 방법이 더 좋을 것 같군' '이 방식과 저 방식을 동시에 해도 좋겠네' 하는 생각이 들면 언제든지 바로 실행할 수 있다. 수업 시간에 어떤 책을 읽을 것인지, 어떤 자료를 활용할 것인지도 교사가 알아서 정한다. 중앙의 교육부가 만든 학습자료 보관소[17]가 지역마다 있지만 교사가 이것을 반드시 활용해야 할 의무는 없다. 학교 교장이나 지역 교육 당국자는 교사의 수업 방식에 개입하거나 간섭할 수 없다.

어느 날 덴마크의 학교를 방문했을 때 교실이 텅 비어 있다면 그날은 교사가 하루 종일 학생들과 학교 밖에서 야외 수업을 하기로 결정했기 때문이다. 공원에서 수학 공부를 할 수도 있고 멀리 여행을 떠날 수도 있다. 교사가 이런 결정을 할 때 교장의 허락은 필요하지 않다. 학부모의 허락도 필요 없다. 언제 어떻게 야외 수업을 할지는 전적으로 교사가 결정한다.

---

16 덴마크의 모든 학교는 중앙의 교육부가 제시하는 '공통 교육목표'를 염두에 두고 수업을 진행해야 한다. 특정 주제는 해당 학년에 꼭 가르쳐야 한다는 규정도 있다. 그러나 공통 교육목표에 대한 도달 방법과 수업 방식은 개별 학교의 개별 교사들이 자유롭게 결정할 수 있다. 중학교(7, 8, 9학년) 과정에서는 학생들이 '특별 과목'을 스스로 만들고 교사의 도움을 받아 공부할 수도 있다. 9학년 말에는 공통 교육목표가 어느 정도 달성되었는지 확인하기 위해 전국의 학생들이 일제히 같은 시험을 치른다.

17 학습자료 보관소에는 수업에 필요한 책이나 영상 등 다양한 자료들이 구비되어 있다. 학교에서 가르치는 모든 과목의 자료가 있으며 교사들은 온라인으로 필요한 자료를 신청하고 학교에서 받아본다. 이 자료들을 활용하면 수업 준비가 수월하지만 활용 여부는 전적으로 교사의 자유다.

교사의 이런 자율성과 유연한 결정권은 무엇을 위해 존재할까? 바로 학생들의 필요와 요구에 대해 교사가 그때그때 적절히 대응할 수 있어야 한다는 의미다. 스칸디나비아 나라의 교사들은 다음과 같은 점을 공통적으로 강조할 것이다. "학교에서 무엇을 할지 결정할 때 학생들이 반드시 참여해야 한다." "진정한 배움은 선생님과 학생들 사이의 대화에서 나온다." "어떤 결정도 교실 안에 있는 선생님과 학생이 아닌 다른 사람의 힘으로 이뤄져서는 안 된다. 정치인이 개입해서도 안 되고, 지역의 교육정책 입안자나 교장이 개입해서도 안 되며, 오직 선생님과 학생들이 결정해야 한다."

엥엘룬이 혼자 가르치는 작은 섬의 작은 학교 파이외 스콜레는 물론 특수한 경우에 속한다. 그러나 그의 수업 방식은 덴마크 전역의 다른 교사들과 매우 비슷하다. 덴마크의 모든 교사들은 각자 저마다의 작은 섬, 작은 왕국에서 '최대의 통치'를 하고 있는 셈이다.

"우리는 크게 두 가지 방식으로 수업을 하고 있어요. 하나는 매우 전통적인 방식이라고 볼 수 있는데 매주 화요일마다 같은 섬에 있는 좀 더 큰 학교로 이동해서 과학, 음악, 역사 수업에 참여합니다. 매주 금요일에는 외부 선생님이 우리 학교로 와서 영어수업을 해줍니다. 이날은 하루 종일 영어만 공부하는 날이죠. 나머지 3일은 학생들과 내가 여러 가지를 하면서 보냅니다.

이때 우리는 전혀 다른 방식으로 수업을 해요. 덴마크의 많은 선생님들처럼 나도 학생들이 교실에서 내 이야기만 들으며 앉아 있기를 바라지 않아요. 아이들은 시각적인 것을 좋아하고 직접 뭔가를 하고 싶어 하죠. 아이들은 모든 감각을 활용해야 합니다. 나는 칠판에 필기를 할 때 가급적 그림을 많이 그리려고 노력해요. 수학을 가르칠 때는 다양한 모양의 도형을 그리고, 문학과 역사를 가르칠 때는 용과 해적을 그리죠. 이런 과정이 아이들의 배움을 시각화하는 데 도움이 됩니다. 물론 가장 좋은 방법은 아이들이 교실 밖으로 나가서 스스로 다양한 체험을 해 보는 것입니다."

엥엘룬은 적어도 일주일에 한 번 학생들과 함께 자전거를 타고 섬을 한 바퀴 돈다. 그러면서 학생들에게 묻는다. "최근에 재미있는 것을 본 적이 있니?" 작은 섬에서 무슨 큰일이 일어날까 싶지만 아이들은 작은 변화도 잘 알아챈다. 어떤 학생은 들판에 있는 말 한 마리를 봤다고 할 수도 있고, 어떤 학생은 항구에 새 배가 들어왔다고 할 수도 있다. 그러면 엥엘룬은 다 같이 보러 가자고 제안한다.

"학생들이 무엇을 관찰하고 무엇을 질문하든 우리의 수업은 거기에서 시작합니다. 나는 학생들이 탐구하고 조사할 만한 소재를 만들어내기 위해 항상 구실을 찾아요. 아이들은 그럴싸한 아이디어와 좋은 질문을 많이 가지고 있어요. 모든 아이들은 타고난 호기심으로 세상을 바라보죠. 교사의 입장에서 볼 때 아이들의 호기심이야말로 최고의 수업 자료입니다. 어떤 교과서나 어

학생들이 직접 좋은 아이디어를 제기했을 때는
그 의견을 수용할 준비가 되어 있어야 해요. 교사
가 이렇게 즉흥성을 제대로 발휘하면 아이들과
함께 삶을 즐길 수가 있어요.

떤 어플리케이션보다 훨씬 낫죠. 우리는 그 호기심을 계속 불러
일으켜야 합니다.

학생들이 오늘 하루 무엇을 배울지 스스로 결정하면 수업에 더
적극적으로 참여합니다. 당연히 그 주제와 관련된 새로운 지식
도 아주 잘 받아들이죠. 아이들은 일종의 프로젝트 수행에 돌입
한 것처럼 엄청나게 집중합니다. 나는 이런 상태를 가급적 오래
지속시키려고 노력해요. 물론 아이들은 언젠가 복잡한 나눗셈
을 배워야 합니다. 그렇지만 아이들이 자전거를 타고 들판을 돌
면서 말 사육법을 배우느라 온통 집중해 있다면 나는 수학 공부
를 잠시 미루더라도 지금의 배움에 더 충실합니다."

스칸디나비아 나라의 많은 선생님들이 엥엘룬의 이런 생각에 동의
한다. 학생들의 호기심을 자극하고 경험을 나누는 것은 학교교육에
서 매우 중요한 부분이다. 가르치는 것처럼 보이지 않을 수도 있지
만 호기심을 자극하고 경험을 공유하는 것이 최고의 방법이다. 덴
마크의 학교법에는 상상력, 창의력(imagination)이라는 말이 중요한
위치를 차지하고 있다.[18] 덴마크 선생님들은 학교법에 따라 학생들
의 상상력과 창의력을 자극하고 길러줄 의무가 있다.

"나는 매주 어떻게 수업을 할 것인지 계획을 세웁니다. 어떤 주
에는 내가 계획한 대로 정확히 그렇게 하죠. 그러나 항상 그렇
지는 않아요. 계획대로 수업을 하다가도 학생들이 직접 좋은 아

이디어를 제기했을 때는 그 의견을 수용할 준비가 되어 있어야 해요. 항상 마음을 열어두는 거죠.

수업을 시작하고 첫 20분 동안은 학생들과 이런저런 이야기를 나눠요. 누가 어떤 토론거리를 제시하는지 잘 살펴보죠. 주의 깊게 듣다 보면 꼭 좋은 소재들이 나오거든요. 어떤 학생은 뉴스에서 들었지만 이해가 잘 되지 않는 대목을 이야기할 수도 있고, 어떤 학생은 부모님과 나눈 대화 내용을 언급할 수도 있어요. 나는 학생들의 호기심을 유지하려고 노력하며 그들의 흐름에 따라요. 그럴 때 기분이 좋죠. 예고 없이 다가온 어떤 것을 와락 붙잡고 하루를 보내는 기분이랄까요? 교사가 이렇게 즉흥성을 제대로 발휘하면 아이들과 함께 삶을 즐길 수가 있어요."

하루는 이런 일이 있었다. 한 학생이 등교하다가 교문 앞에 죽어 있는 쥐를 발견했다. 아이들은 죽은 쥐를 그대로 두면 너무 불쌍하다고 말했다. 엥엘룬은 그날 수업을 취소하고 아이들과 함께 장례식을 준비했다. 학교 체육관을 장례식장으로 정했다. 학생들은 쥐의 사체를 넣을 관을 설계하고 동네 목재상에서 나무와 도구를 가져와

---

18 덴마크의 학교법은 1539년에 처음 만들어졌다. 수차례 개정되었으며 지금은 '국민을 위한 학교법(Folkeskoleloven)'으로 불린다. 이 법의 첫 문장은 이렇다. "학교는 학생들이 경험과 참여를 할 수 있는 방법을 개발하고 틀을 만들어야 하며, 그리하여 학생들이 참여와 실천을 하면서 인지력과 상상력(창의력)을 개발하고 자신감을 얻을 수 있도록 해야 한다."

아이들의 호기심이야말로 최고의 수업 자료입니
다. 우리는 그 호기심을 계속 불러일으켜야 합니
다. 학생들이 오늘 하루 무엇을 배울지 스스로 결
정하면 수업에 더 적극적으로 참여합니다.

관을 만들었다. 영구차는 유모차를 가져와 대신했다. 엥엘룬은 이 과정을 도왔다. 나이가 제일 많은 학생이 장례식을 담당하는 목사가 되어 추도사를 썼다. 다른 학생들은 교회 합창단 역할을 맡아 장례식에서 부를 조가를 만들었다.

"우리는 그 가엾은 조그마한 쥐를 묻어주기 위해 하루 종일 분주했어요. 어떤 사람들의 눈에는 우리가 그저 빈둥거리며 노는 걸로 보이겠죠. 하지만 학생들은 장례식을 통해 창의적인 사고를 연습하고, 그 과정에서 많은 것을 배워요. 역할놀이는 아주 좋은 공부가 됩니다. 놀기를 좋아하는 아이들이 특히 이런 역할놀이를 더 잘해냅니다. 교사가 잘 안내해주면 아이들은 즐기면서 많은 것을 배우죠."

엥엘룬이 이끄는 역할놀이 중 하나는 슈퍼마켓 놀이다. 이때 학교는 몇 주 동안 슈퍼마켓으로 변신한다. 학생들은 각종 상품을 그림으로 그려서 선반에 전시한다. 그리고 상품마다 가격을 어떻게 매길지 상의한 뒤 가격표를 만들어 붙이고, 손님들을 슈퍼마켓으로 유인하기 위한 광고판도 만든다. 심지어 자기들만의 지역 화폐를 만들기도 한다. 화폐의 이름은 유럽연합(EU)의 화폐인 유로(Euro)와 덴마크 말로 섬을 의미하는 Ø를 결합해서 외로(Øro)라고 지었다. 모든 준비가 끝나면 학생들은 손님과 판매원이 되어 각자의 역할을 시작한다.

"슈퍼마켓 놀이를 하면서 아이들은 실제 생활에서 벌어지는 많은 일을 이해할 수 있어요. 쇼핑을 하면서 덧셈과 뺄셈을 배우고, 역사와 언어와 정치를 배워요. 그리고 어떤 상품에 어떤 값어치가 있는지, 그 값어치를 어떻게 알 수 있는지에 대해서 많은 이야기를 나눕니다. 어떻게 사업을 시작하고 어떻게 이익을 낼 것인지도 이야기하죠. 상품을 홍보하는 방법, 손님과 대화하는 방법도 상의합니다. 아이들은 기본적으로 이 세상이 어떻게 돌아가는지 궁금하고 호기심도 많은데, 슈퍼마켓에서 벌어지는 모든 일이 다 이와 연관된 내용들이죠. 아이들은 서로 상의하고 논쟁하면서 많은 사안을 결정합니다. 선생님은 그저 가이드 역할이죠. 물론 아이들이 나누는 대화를 주의 깊게 지켜보고 때로는 올바른 방향으로 이끌어야 합니다. 그렇지만 모든 배움은 스스로 해내는 과정에서 나옵니다."

이 학교의 학생 중 7명은 나이가 다섯 살에서 아홉 살이다. 엥엘룬은 나이가 다른 학생들이 함께 배우면 수업이 더 재미있게 진행된다고 말한다.

"교사는 상황 변화에 잘 적응해야 합니다. 모두 나이가 같은 반에서도 학생들의 학습 능력이나 개성에 따라 대화 내용과 방식이 달라져야 하잖아요. 모든 아이가 다 다르니까요. 사실은 모두 나이가 같은 반을 가르치는 것이 교사에겐 더 어려운 일이라고 생각해요. 모든 학생을 일정한 수준에 도달시켜야 한다는 강박을 갖게 되거든요.

반에서 제일 잘하는 아이를 기준으로 목표를 정하게 되면 다른 아이들은 여기에 도달하기 위해 힘들게 씨름해야 할 수도 있어요. 그러다 실패하면 절망하겠죠. 우리 학교에서는 그렇게 하지 않아요. 서로 나이가 다르니까 각자의 수준이 달라도 자연스럽고 아무런 문제가 없어요."

작은 학교 파이외 스콜레의 이야기는 스칸디나비아 나라들에서 학교가 어떻게 운영되는지를 잘 보여주는 사례다. 덴마크를 비롯한 북유럽 나라에서는 나이가 다른 아이들을 섞어서 수업할 때 더 효과적이고 도움이 된다는 인식이 일반적이다. 물론 규모가 큰 학교들은 파이외 스콜레처럼 늘 이렇게 할 수는 없지만 그래도 종종 아이들을 섞어서 수업한다. 나이가 많은 학생과 어린 학생 모두에게 도움이 된다고 보기 때문이다.

"고학년 학생들은 저학년 학생들을 매우 잘 가르쳐요. 나는 종종 고학년 학생에게 다른 학생들을 위해 책을 읽어보라고 해요. 이런 경험은 그 학생의 자신감을 키워줍니다. 나는 또 저학년 학생에게 수학이나 영어 공부를 하다가 모르는 것이 있으면 고학년 학생에게 물어보라고 해요. 열두 살 학생이 여덟 살 학생에게 어떻게 설명하는지를 보면 그 주제에 대해 얼마나 깊이 이해하고 있는지 알 수 있어요. 고학년 학생은 저학년 학생에게 설명하고 가르치는 과정에서 그 주제를 더 잘 이해하게 되고, 저학년 학생들은 고학년 학생들이 하는 것을 어깨 너머로 보면서 배우게 되죠."

엥엘룬은 작은 학교를 좋아한다. 지금보다 더 작은 학교에서도 일한 적이 있다. 덴마크에서 가장 작은 학교로 알려진 투뇌 스콜레 앤드 뵈르네후스(Tunø Skole & Børnehus, 투뇌 스콜레와 어린이집)는 엥엘룬이 초임으로 부임할 당시만 해도 전교생이 두 명이었다. 엥엘룬은 투뇌(Tunø)섬의 이 작은 학교를 좋아했지만 유방암 수술을 받으면서 그만두었다. 회복 후 다시 일을 할 수 있게 되었을 때 파이외섬에 있는 파이외 스콜레에 자리가 났다. 파이외섬에 오자마자 엥엘룬은 살 집을 정하고 이 마을 공동체의 일원이 되었다. 마을에 있는 학교의 단 한 명뿐인 선생님인데 어찌 마을 공동체의 일원이 되지 않을 수 있을까. 아이들은 학교 수업이 끝나면 부모님이 데리러 올 때까지 엥엘룬의 집에서 시간을 보내기도 한다.

"작은 섬에서는 사는 방식이 좀 다릅니다. 유연해야 하고 서로 도와야 해요. 여기에서 나는 그저 한 명의 교사가 아닙니다. 이웃이고 친구입니다. 나는 선생님인 동시에 섬마을 주민이며 이 둘의 균형을 잘 맞춰야 합니다. 학생들은 이 균형을 맞추는 데 전혀 어려움이 없어요. 학교에서는 나를 선생님으로 대하고 내

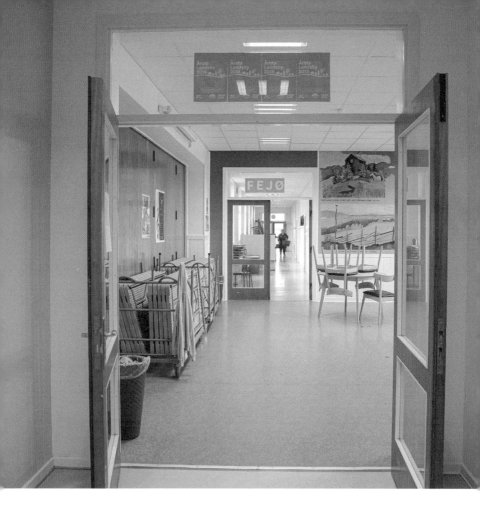

학생들이 교실에서 내 이야기만 들으며 앉아 있
기를 바라지 않아요. 아이들은 모든 감각을 활용
해야 합니다. 가장 좋은 방법은 교실 밖으로 나가
서 스스로 다양한 체험을 해보는 것입니다.

가 말하는 것을 잘 따릅니다. 우리 집에서는 나를 마치 할머니처럼 대하죠.(웃음)"

작은 섬에서는 서로가 서로를 안다. 심지어 학교와 유치원, 방과 후 클럽이 모두 한 건물에 있다. 그래서 어떤 학생이 초중등학교에 입학해도 선생님과 학생들은 이미 아는 사이이다. 유치원 때부터 한 건물에서 봐왔기 때문이다.

아이들은 아침 8시 30분에 함께 노래를 부르고 오후에는 자전거를 타거나 수영을 한다. 엥엘룬이 파이외섬에 처음 왔을 때 세 명이던 유치원생이 지금은 14명으로 늘었다. 그래서 파이외 스콜레도 향후 몇 년간 규모를 키울 준비를 하고 있다.

오래 전부터 이런 말이 있다. '한 아이를 키우기 위해서는 온 마을이 필요하다.' 파이외 스콜레와 파이외 마을의 구분은 무의미하다. 이 작은 섬에서는 학교가 사회이고 사회가 학교다. 이 작은 섬뿐만 아니라 덴마크 다른 지역의 학교와 지역공동체 또한 이런 관계를 유지하고 있다. 가장 큰 도시인 수도 코펜하겐도 마찬가지다. 학교와 지역사회의 유기적 결합이 탄탄하다. 개인은 외롭지 않고, 학교에서도 사회에서도 모두가 공동체의 일원이라는 생각을 갖고 있다. 아마도 이 점이 덴마크를 행복지수 1위의 나라로 만드는 중요한 요인일 것이다.

아스트리드 엥엘룬이
교사에게 건네는 조언

1. 학생들이 관심을 가지는 것에서부터 출발하자. 교사가 분위기를 만들어주면 아이들은 좋은 질문을 많이 할 것이다.

2. 아이들에게 역할놀이를 권장하자. 역할놀이를 활용할 수 있는 방법은 많다. 아이들은 역할놀이를 즐기면서 많은 것을 배운다.

3. 저학년 아이들과 고학년 아이들이 함께 어울릴 수 있는 시간을 주자. 모두에게 득이 될 것이다.

삶을 위한 학교

School is real

토마스 라스무센
Thomas Rasmussen

•

비영리단체 '현실 속의 학교'
Skolen i Virkeligheden

토마스 라스무센(Thomas Rasmussen)은 46세이며 비영리단체 '현실 속의 학교(Skolen i Virkeligheden)'의 설립자다. '현실 속의 학교'는 학교 교사들과 사회 각 분야 전문가들을 연결함으로써 '학교 밖 교육'을 돕는 곳이다. 학생들에게 최고의 교사는 자기 일을 사랑하고 열정적으로 일하는 사람이라는 신념을 가지고 있으며 '학교 밖 교육'을 널리 전파한 노력을 인정받아 2012년 덴마크 지방정부협의회가 주는 '국가혁신상'을 받았다.

학교에서의 일상은 대체로 따분하다. 아마도 전 세계 모든 아이들이 그렇게 느낄 것이다. 하루하루는 반복되고, 같은 교실에서 같은 선생님과 별다를 게 없는 시간을 보낸다. 학년이 올라갈수록 교과서와 숙제가 어려워지긴 하지만 대체로 비슷하다. 각종 테스트와 학기말 시험도 마찬가지다.

왜 꼭 그래야만 할까? 아이들은 왜 하루 종일 같은 교실에 있어야 할까? 왜 꼭 같은 선생님과 시간을 보내야 할까? 아이들은 학교 밖에서 시간을 보낼 때 새롭고 재미있는 일을 많이 경험할 수 있다. 숲속을 거닐거나 농장을 방문하거나 지역의 상인들을 만날 때도 그렇고, 사회에서 일하는 전문가들을 교실로 초대했을 때도 그렇다. 평소 수업 시간에 지루해하던 학생들도 귀를 쫑긋 세우고 열심히 듣는 기적이 벌어진다.

덴마크의 많은 교사들도 이런 경험이 아이들에게 도움이 되고 효과적이라는 것을 알고 있다. 그래서 학교 밖으로 나가 현장학습을 하거나 외부의 전문가들을 학교로 초청한다. 그런데 이런 수업은 늘 하던 방식이 아니기 때문에 사전 준비가 필요하다. 장소 섭외, 강

다양한 어른들의 삶을 학생들에게 소개해주고 싶
습니다. '다른 길로 가도 괜찮아. 세상에는 다양
한 직업이 있고, 그 일을 멋지게 열정적으로 하는
사람들이 참 많아.'

사 초청 등을 위해서는 문서 작업이 필요하다. 마땅한 장소와 사람을 구하는 과정도 만만치가 않다. 그러다 보니 일부 선생님들은 사전 준비에 드는 수고만큼 과연 효과가 있는 방식인지에 대해 의문을 품기도 하고 얼마간 진행하다가 중단하기도 한다.

토마스 라스무센(Thomas Rasmussen)은 바로 이 지점에 착안했다. 그는 '현실 속의 학교(Skolen i Virkeligheden)'라는 비영리단체를 만들어 학교의 선생님들과 사회의 각종 직업인들을 연결시키는 일을 하고 있다.[19]

라스무센은 자기가 하는 일에 열정이 있고 풍부한 이야깃거리를 가지고 있으며 기꺼이 시간을 내서 학생들과 함께하려는 사람들을 찾아다닌다. 그가 만난 사람들은 농부, 사냥꾼, 양봉업자, 어부, 조류 관찰자, 회계사, 요리사, 체스 게임가, 목수 등 직업과 분야가 다양하다. 이렇게 해서 현재 2000여 명의 현장 전문가를 확보했다. 각 학교의 교사들은 '현실 속의 학교' 홈페이지를 통해 원하는 현장 전문가를 쉽게 찾을 수 있다. 라스무센의 역할은 이처럼 교사들이 학교 밖 세상으로 학생들을 데리고 나올 때 번거롭지 않고, 학생들이 세상에 대해 새로운 관점을 가질 수 있게 돕는 것이다.

"많은 아이들에게서 긍정적 효과를 발견할 수 있어요. 숲에 가

---

[19] '현실 속의 학교'는 비영리단체이지만 지방정부의 보조금을 일부 지원받는다. 라스무센을 포함해 두 명의 상근자가 있으며 월급은 이 보조금에서 지급된다.

서 사냥꾼을 만나거나 농장에서 젖소의 젖을 짜는 농부를 돕는 것은 어쩌면 작은 일이죠. 그런데 이런 체험을 계속하면서 아이들은 깨닫게 됩니다. '세상에는 다양한 직업이 있고, 그 일을 멋지게 열정적으로 하는 사람들이 참 많구나!' '행복한 인생을 살아가는 길에는 여러 가지 방법이 있구나!'"

부모가 모두 초중등학교 교사인 가정에서 태어난 라스무센은 어렸을 때부터 손으로 하는 일을 좋아했다. 농업에도 관심이 많았던 그는 성인이 되어 유기농 농장에서 일했는데, 그 농장은 지방정부와 손잡고 지역 내 6개 초중등학교의 모든 4학년 학생을 대상으로 텃밭 가꾸기 프로그램을 진행했다. 학생들은 반 별로 자기 텃밭을 관리하는데 봄에 네 번, 가을에 네 번 이곳을 찾아와 농사를 지었다. 봄에 씨를 뿌려 돌보고 가을에 수확해서 함께 요리해 먹는 것까지 체험했다. 이 과정에서 학생들은 농부를 만나고 조경사를 만나고 요리사를 만났다. 음식, 다이어트, 지속가능한 환경에 대해 서로 대화를 나눴다.

라스무센은 이 농장에서 여러 가지 일을 했다. 밭에서 일하기도 했지만 그래픽디자인을 공부한 경험을 살려 농장의 웹사이트를 구축하기도 했다. 또 학생들이 농장으로 체험학습을 올 때마다 현장 교사 역할도 맡았다.

"학생들이 진짜 농부나 진짜 요리사를 만나면 재미난 일이 많이 생긴다는 것을 경험했어요. 학생들은 온종일 밖에서 땅을 파거나 잡초를 뽑거나 물을 줬어요. 학생들은 특별한 지식을 가지고 자기 일에 열정적으로 몰두하는 전문가와 함께했죠. 진정한 열정을 가진 사람은 학생들을 집중시키는 능력이 탁월하다는 사실도 그때 알게 되었습니다.

무엇보다 학생들이 무척 재미있어 했어요. 재미를 느끼니까 농사에 대한 지식도 쏙쏙 받아들이더군요. 농장에서 가능한 일이라면 다른 곳에서도 가능하겠다는 생각이 들었어요. 그래서 '현실 속의 학교'라는 단체를 만들었죠."

덴마크의 학교들은 대체로 일주일에 하루 정도 야외 수업을 한다. 학생들은 교실 밖으로 나갔을 때 대화가 더 많아지고 관계도 더 역동적으로 바뀐다. 덴마크의 한 연구에 따르면, 교실에서는 선생님이 80을 말하고 아이들이 20을 말하는데 야외에서는 이 비율이 50 대 50으로 바뀐다. 아이들 사이에 갈등이 줄어들고 서로 협력하는 법을 배운다. 공간이 넉넉해지면 함께하는 것도 훨씬 잘한다.

학교와 교실에서 주눅 들던 아이들도 현장에 가면 활기를 띤다. 학교와 교실에서 경험하던 위계질서가 바뀌기 때문이다. 수학 수업, 축구 수업에서 주목받지 못했던 학생도 사회 현장에 나와서는 두각을 나타낼 수 있다. 새로운 무대, 새로운 도전거리 앞에서 빛을 발한다. 이 모든 변화들은 학급 분위기를 개선하는 데 큰 도움을 준다. 또 경험을 함께 공유하면 배운 것을 각인시키는 데 도움이 된다. 날

씨가 추웠거나 더웠던 경험 등을 공유하면서 배울 때 더 확실하게 기억된다.

라스무센은 다음과 같은 철학으로 '현실 속의 학교'를 시작했다. '그 분야의 일을 가장 잘하는 사람이 가르치는 것이 좋다. 가능하다면 교실이 아닌 그 사람의 삶의 현장에서 가르치는 것이 좋다.' 학생들은 여러 분야에서 새로운 사람을 만날 때 얻는 것이 많다. 생물 시간이라면 학생들이 숲으로 가서 수목관리인을 만나거나 바다로 가서 어부를 만날 때 더 효과적이라는 이야기다.

덴마크가 아닌 다른 나라에서도 야외 수업을 한다. 보통은 숲속에 있는 통나무생태학교를 예약하고, 그곳 생태학교 선생님이 곤충을 가리키며 아이들에게 보여주고, 마지막으로 칠판을 활용해 자연에 대해 설명한다. 학교가 아닌 현장에서 수업을 하지만 교실에서 하는 수업과 별 차이가 없다. 생태학교 선생님은 같은 일을 반복해왔기 때문에 열성적이지도 않다. 그래서 라스무센은 한 걸음 더 나아가려는 야심찬 목표를 세웠다. '학생들에게 진짜 삶을 보여주자! 현장에서 실제로 일하고 있는 사람들과 만나 이야기를 나누게 하자!'

"나는 동네를 돌아다니면서 사람들을 모았어요. 학생들과 진심으로 이야기를 나누고 싶어 하는 사람들을 찾아다녔죠. 항구에 가서 어부를 만났고 수족관에서 가서 전문가를 만났어요. 박물관에서 일하는 사람, 사업하는 사람도 만났죠. 학교 선생님들은 아이들을 데리고 이분들의 삶의 현장에 가기도 하고, 때로는 학

© Thomas Rasmussen

덴마크의 부모들은 자식의 연봉이나 직장의 안전
성을 걱정하지 않습니다. 대신 이걸 걱정합니다.
'내 아이가 열정을 가지고 행복하게 할 수 있는
일을 과연 스스로 찾을 수 있을까?'

교 교실로 초청해 이야기를 듣기도 합니다. 우리는 이 과정에 불편함이 없도록 돕는 역할을 하고 있어요."

라스무센의 이런 노력이 인정을 받으면서 '현실 속의 학교'는 2012 년에 '국가혁신상'을 받았다. 지방정부들의 연대 조직인 지방정부협 의회에서 지역의 혁신가들에게 주는 권위 있는 상이다. 2년 후 덴마 크 정부는 학생들의 현장 체험을 확대하고, 현장 전문가를 교실로 초청하는 것을 지원하는 개혁을 단행했다. 핵심은 현장학습과 전문 가 초청에 드는 비용을 지방정부가 지원하는 것이다. 라스무센의 철학이 더 많은 곳에서 현실화될 수 있는 조건이 만들어진 셈이다.

"학교 선생님들의 수업만큼 많은 것을 가르쳐줄 수 있는 적절한 현장 전문가를 찾는 일이 쉽지는 않습니다. '괜찮은 사람 같았 는데 영 이상하면 어떡하지?' 하는 걱정이 많이 들죠. 그런데 실 제로 해보면 그런 걱정은 기우일 때가 많습니다.

한번은 학생들에게 체스를 가르쳐줄 전문가를 섭외했는데, 내 심 걱정이 됐어요. 너무 내성적이라서 학생들과 잘 어울릴 수 있을 것 같지 않았거든요. 그런데 그 체스 게임가가 이야기를 시작하니 학생들은 곧 집중하더군요. 학생들은 단 20초 만에 그 의 이야기에 빠져들었어요. 입을 쩍 벌리고 그가 하는 모든 말 에 귀를 기울였죠. 그렇게 서로 집중하면서 두 시간 동안 체스 를 했답니다. 그분의 말투는 좀 어눌했지만 학생들은 그가 체스를 무척 사랑하고 있으며 하고 싶은 이야기가 가득 차 있는 사람이라는 걸 알아챘어요. 나는 놀랐죠. 열정적인 사람들은 자기가 열정을 바치고 있는 일에 대해 설명할 때 얼마나 탁월한가? 이 점에 대해서 학교 교사들이 더 많이 생각해봐야 한다고 생각합니다. '열정을 유지하라!'"

교사 입장에서 학교 밖 현장학습은 일정 부분 자신의 권한을 일시적으로 나눠 갖거나 포기하는 것을 의미한다. 교실에서는 교사로서 해야 할 일이 정해져 있고, 학생들이 무엇을 하고 있는지 한눈에 파악할 수 있다. 그러나 학교 밖에서 현장 전문가와 학생들이 만나면 교사는 학생에 대한 통제 권한을 내려놓아야 한다. 현장 전문가를 교실로 초청했을 때도 한발 물러나 똑같이 해야 한다.

"어떤 선생님들은 처음에 이런 걱정을 좀 하더군요. '혹시 현장 전문가들이 우리의 일자리를 빼앗지는 않을까?' 선생님들은 학교와 수업에 대해 누구보다도 잘 알고 있고 모든 권한을 가지고 있다고 생각하기 때문에 걱정과 우려를 할 수 있습니다. 그래서 우리는 현장학습이 서로에게 도움이 되는 상생 프로그램이라는 점을 강조합니다. 학교 밖 현장 전문가와 연계하는 현장 활동이 교사에게도 얼마나 큰 도움이 되는지 알려주려고 노력하죠. 우리는 선생님들에게 어떻게 가르쳐야 한다고 절대 말하지 않습니다. 우리가 선생님들에게 어떤 제안을 한다면 그것은 선

열정적인 사람들은 자기가 열정을 바치고 있는
일에 대해 설명할 때 얼마나 탁월한가? 이 점에
대해서 학교 교사들이 더 많이 생각해봐야 한다
고 생각합니다.

생님들이 스스로 원하고 받아들일 수 있는 제안이어야 합니다. 학생을 위한 것, 좀 더 흥미로운 수업을 하기 위한 것, 실현 가능한 것이어야 합니다."

라스무센은 교사들 역시 안주해서는 안 된다고 말한다. 일부 교사들은 자기 자신을 평가하는 시각부터 바꿀 필요가 있다. 교사도 어떤 면에서는 혁신적인 사업가일 필요가 있다는 것이다.

"좋은 수업을 하려면 학생들에게 다양한 경험을 제공하고, 도움이 될 만한 것을 다 끌어모아 자기 것으로 통합하고 혁신해나가야 합니다. 교실에서 해당 과목의 책만 읽는 것보다 현장에서 전문가의 도움을 받으면 더 좋지 않겠습니까? 바다에 대해서 아이들과 수업을 한다고 합시다. 플랑크톤과 미생물에 대한 이론을 가르치는 데 시간을 다 쓸 필요는 없어요. 몇 시간 정도는 바다에서 일하는 사람의 생생한 경험담을 들려주는 게 더 좋지 않을까요?"

라스무센은 현장 전문가와의 만남이 학생들의 향후 인생 설계에 큰 영향을 줄 수 있다고 믿는다. 양봉업자, 사냥꾼, 축구 선수, 생물학 전공 대학생 등을 만나면서 학생들은 그들을 롤 모델로 삼을 수 있다. 이를 계기로 학생들의 인생이 바뀔 수도 있다.

"우리는 종종 이런 이야기를 듣습니다. '내가 지금의 내가 된 것은 우리 선생님에게 좋은 영향을 받았기 때문이야.' 정말로 그런 선생님을 만났다면 그는 행운아입니다. 많은 학생들은 그런 행운을 경험하지 못하죠. 덴마크 학생들의 대부분은 초중등학교에 입학해서 졸업할 때까지 담임 선생님이 9년(최소 3년 혹은 6년) 동안 같기 때문에 교과목 선생님들을 포함해도 다양한 선생님을 만날 수가 없습니다. 나는 우리 학생들이 좀 더 다양한 어른들을 많이 만나면 좋겠어요. 자기 일에 열정적인 어른들 중에서 롤 모델을 찾을 수 있도록 기회를 제공하고 싶습니다. 그 가능성을 조금이라도 높이고 싶은 거죠."

라스무센이 하는 일, 즉 '학생들에게 더 많은 롤 모델 보여주기'는 덴마크 학부모들의 지지를 받을 수 있는 문화적 토대가 형성되어 있다. 덴마크에는 이른바 '좋은 직업'과 '괜찮은 연봉'을 받기 위해 반드시 경영학, 경제학, 법학, 의학을 전공해야 한다는 사회적 통념이 없다. 많은 덴마크 부모들이 자기 아이의 진로를 고민하지만 무엇을 전공해서 어떤 사람이 되라고는 말하지 않는다. 라스무센은 "덴마크 부모들이 걱정하는 것은 따로 있다"고 말한다.

"덴마크의 부모들은 자식의 연봉이나 직장의 안전성을 걱정하지 않습니다. 대신 이걸 걱정합니다. '내 아이가 열정을 가지고 행복하게 할 수 있는 일을 과연 스스로 찾을 수 있을까?' 그래서

© Thomas Rasmussen

나는 학생들에게 사회에서 의미 있는 역할을 할 수 있는 직업이 매우 다양하다는 것을, 행복을 찾는 방법도 매우 다양하다는 것을 꼭 보여주고 싶습니다.

나는 다양한 어른들의 삶을 학생들에게 더 많이 소개해주고 싶습니다. '다른 길은 참 많아. 그러니 다른 길로 가도 괜찮아. 꼭 대학을 가야 하는 것은 아니야. 공부는 못했지만 사회에서 매우 창의적인 활동을 하는 사람들도 꽤 많아.' 나는 학생들에게 사회에서 의미 있는 역할을 할 수 있는 직업이 매우 다양하다는 것을, 행복을 찾는 방법도 매우 다양하다는 것을 꼭 보여주고 싶습니다."

토마스 라스무센이
교사에게 건네는 조언

1. 사회를 교실로 초청하자. 교실을 사회 속으로 가져가자. 어떤 과목이든 상관없다. 우리 사회에는 자기 일에 열정을 가지고 학생들과 영감을 나누고 싶어 하는 사람들이 많이 있다.

2. 다른 사람에게 도와달라고 말하는 것을 두려워하지 말자. 교사들은 여전히 중요한 역할을 하고 있으며 교사를 필요로 하는 학생들은 언제나 있다.

3. 벤처 기업가처럼 도전하고 혁신하자. 학생들에게 가장 좋은 수업을 하려면 무엇을 어떻게 해야 하는지 늘 고민하고 변화하자.

삶을 위한 수업

초판 1쇄 펴낸날 | 2020년 5월 20일
초판 15쇄 펴낸날 | 2023년 5월 24일

인터뷰·글 마르쿠스 베른센
기획·편역 오연호
펴낸이 오연호
편집장 서정은 마케팅·관리 이재은

펴낸곳 오마이북
등록 제2010-000094호 2010년 3월 29일
주소 서울시 마포구 월드컵로14길 42-5 (04003)
전화 02-733-5505 (내선 271) 팩스 02-3142-5078
홈페이지 book.ohmynews.com 이메일 book@ohmynews.com
페이스북 www.facebook.com/Omybook

책임편집 김초희
사진 이늑희
디자인 여상우
인쇄 천일문화사

ⓒ 마르쿠스 베른센 · 오연호, 2020

ISBN 978-89-97780-37-2 03370

이 도서의 국립중앙도서관 출판예정도서목록(CIP)은 서지정보유통지원시스템
홈페이지(http://seoji.nl.go.kr)와 국가자료종합목록 구축시스템(http://kolis-net.nl.go.kr)에서
이용하실 수 있습니다.(CIP제어번호: CIP2020018445)

오마이북은 오마이뉴스에서 만드는 책입니다.